ちくま学芸文庫

戦後日本漢字史

阿辻哲次

筑摩書房

戦後日本漢字史＊目次

戦後日本漢字史

はじめに

平成二十年のあるとき、昭和五十六年制定の「常用漢字表」を改定するための審議をしている委員会（正しくは文化庁所管の文化審議会国語分科会漢字小委員会）において、「嗅」という漢字があらたに「常用漢字表」に追加する候補とされた。「嗅」は五感の一つである「嗅覚」ということばが日常的によく使われるので、今回の改定を機にあらたに「常用漢字表」に取りこまれる候補となったというわけだ。そのことについては委員会でも格段の異論もなかったのだが、ただその字体について、ツクリ（右半分）をこれまで常用漢字であった「臭」に、すなわち《自》の下に《大》を書く形にあわせるべきだという意見が、何人かの国語教育関係者から述べられた。

現在の小学校では、文部科学省が制定している「小学校学習指導要領」第二章第一節国語に別表として掲げられる「学年別漢字配当表」（最新のものは平成二十九年制定）にある、合計一〇二六種の漢字が教えられることとなっている。これを一般に「教育漢字」（また「学習漢字」とも）と呼ぶが、「臭」はそのなかに入っていない。しかし同じく国語に関する学習指導要領では、中学校で「その他の常用漢字のうち二五〇字程度から三〇〇字程度までの漢字を読むこと」、さらに高等学校で「常用漢字の読みに慣れ、主な常用漢字が書けるようになること」と記されているから、中学校や高校の国語の授業では「臭」という漢字が教材に登場すると思われ、そのときに中高生はそれを「臭」という字形で学習する。

しかし今回あらたに「常用漢字表」に追加される「嗅」の右半分を《臭》でなく《臭》という形にすると、どちらも常用漢字であるのに「臭」と「嗅」では《口》ヘンがついているかどうかで右下の部分に《大》と《犬》のちがいが生じ、教える側でも学ぶ側でも混乱をきたすにちがいない。だから「嗅」を「常用漢字表」に入れるのなら、ツクリの部分を《臭》ではなく《臭》にするべきだ、という議論であった。

その意見は、ちょっと聞いたところではなかなか説得的である。「表外字」(「常用漢字表」に入っていない漢字)ではあったものの、これまで頻繁に「嗅」という漢字を使っていた人のなかには、右半分が《臭》でなく、実はテンが一つ多い《臭》という形になっていることに気がついていなかった方もおられるかもしれない。そしてそんなややこしいことになっているのだったら、この際「嗅」の右側を《臭》とした方が覚えやすいし、教育の場における混乱も防げるのではないか、と考える人がいても不思議ではないだろう。

しかし実は、ことはそれほど単純ではないのである。試みにお手元のパソコンや携帯電話で「きゅうかく」と打って漢字に変換してみてほしい。まちがいなく「嗅覚」と出るはずで、右側が《臭》になっている「嗅」は、携帯電話ではぜったいに表示できないし、パソコンでもあらかじめかなり特別の仕掛けをしておかないかぎり、表示できないはずである。ということは、もしその字を「嗅」という形で「常用漢字表」に入れたら、常用漢字の字形を情報機器で打ち出せない、ということになってしまうのである。

同じような問題はほかにもたくさんある。これまですでに常用漢字であった「渉」や「頻」には構成要素として《歩》が入っているが、今回追加される候補となった「捗」や、追加候補にはならなかった「陟」・「顰」という漢字では、ツクリの部分が《歩》より一画少ない《歩》となっている形が情報機器では表示される。

また常用漢字である「都」や「暑」「署」「諸」などに含まれている《者》も、改定常用漢字表に追加する候補となった「賭」や「箸」では、ツクリの部分が《者》にテンが一つついた《者》となっている。従来から常用漢字であった「慎」や「鎮」のツクリは《真》であるのに、追加候補の「塡」や、候補にはならなかったが「槙」や「顚」ではツクリが《眞》になっている。さらに複雑なことには、上にあげたいくつかの漢字でも、携帯電話ではパソコンとちがってテンのついていない「賭」や「顛」などが出るようになっている。

まことにややこしい話だが、いったいなぜこんなに複雑なこととなっているのだろうか。

これらはいずれも、実は終戦からほどない時期に国語施策として制定された漢字に関する規定がもたらした結果なのである。そのことを端的に示すために、はじめに「臭」と

「嗅」の関係を見てみよう。

印刷と手書きを問わず、日本でも中国でも、「臭」はもともとずっと「臭」という形で書かれていた。それは《自》と《犬》を組みあわせた、漢字の作り方からいえば「会意《かいい》」という方法で作られた文字である。

字の上半部にある《自》は人の鼻をかたどった象形文字で、本来の意味は「はな」であった。それが、「自分・わたし」を意味するときに中国人や日本人が指で鼻の頭を指し示す動作をおこなうことから、やがて「自」が「みずから・じぶん」という意味で使われるようになり、さらにそちらが主流になったので、もとの意味を表すために字音を示す《畀《ヒ》》を加えて作られたのが「鼻」という漢字である。いっぽう「臭」の下半部にある《犬》は、いうまでもなくイヌのことである。

それで、この「臭」という漢字は、嗅覚が非常に発達したイヌと、鼻という要素を組みあわせることから、「におい」という意味を表した。

そのことについて、中国最古の漢字研究書（西暦一〇〇年成立）である『説文解字《せつもんかいじ》』（十篇上）には「禽《とり》走り、臭《か》ぎて其の迹《あと》を知る者は犬なり」と記されている。鳥が地面の上を走って逃げても、犬ならにおいをかいで、鳥の逃げたあとを追跡できる、というのだ。ちなみにいまの日本語では「臭」を「くさい」と読み、「悪臭」や「加齢臭」「消臭剤」などもっぱら「好ましくないにおい」という意味で使うが、本来は悪臭だけでなく、芳香をも意味する漢字であった。

それはともかく、この漢字が「臭」という形、すなわち《自》＋《大》の形で印刷されるのは、実は戦後の日本だけなのである。いまの中国で使っている簡略化された漢字でも、この字はやはり下が《犬》になった形が使われていて、中国では昔もいまも「臭」という形の漢字は存在しない（もちろん写本や手書きのメモなどではその形で書かれることもまれにはあったが）。

「臭」が「臭」という形になったように、もともとは《犬》であった部分がいまの日本で《大》に変わった例には、ほかに「器」や「類」「戻」「突」などがあって、これらはすべて戦前では「器」「類」「戾」「突」と、《犬》の形が字形内部に含まれていた。いずれも字源的にはイヌに関係する漢字であって、たとえば「戾」はイヌが戸の下をくぐるときに身体が曲がることから、「もとる・やぶる」という意味を表していた（「暴戾《ぼうれい》」〈乱暴で道理に

唐　欧陽詢
九成宮醴泉銘

唐　顔真卿
干禄字書

元　趙孟頫
蘭亭十三跋

二玄社刊『大書源』より

反すること〉ということばがその意味で使われている）。それを「もどる＝リターン」の意味で使うのは日本語独自の用法、いわゆる国訓《こっくん》にすぎない。「突」という漢字についても、犬が穴のなかからいきなり飛び出してくることから、「にわかに」＝「突然」という意味を表す。この《犬》が《大》に変われば、この漢字は単に「大きな穴」という意味にしか解釈できず、そこからはどう考えても「にわかに」という意味が導き出せない。

　このようにもともと《犬》を構成要素に持っていた漢字のいくつかが、日本ではあるときから《大》と書かれるようになった。両者のちがいは単にテンが一つあるかないかだけなのだが、しかしこの変更は「漢字は形が複雑で、覚えるのも書くのも大変だから、できるだけ簡単な形にして、子供たちの学習上の負担を軽減し、印刷面にかかる労力もできるだけ少なくしよう」という配慮のもとに実施されたものなのである。なるほど《犬》を《大》に換えれば、画数が一画減る。しかし筆画をたった一画減らしたために、正しい字源解釈ができないようになった、というわけだ。そもそも《犬》を《大》と一画減らしたことで、漢字を学習する際の苦労が軽減されただろうか。さらに不可解なことには、すべての《犬》が《大》になったわけではなく、「伏」「然」「黙」「獄」などには《犬》がそのまま残っているのだが、これらについては一画減らす必要はなかったのだろうか。このようなことに対して疑問をいだくのは、決して私ひとりではないだろう。

「臭」という字体が一般社会の印刷物に使われ、学校で教えられるようになったのは、昭和二十四年四月に内閣から告示された「当用漢字字体表」がきっかけである。この「当用漢字字体表」なるものは、後に詳しく述べるように、実に多くの問題を後世に残すこととなった。現在の日本の漢字に見られる字形上の混乱は、ほとんどこれに起因するといっても過言でなく、私はそれが「諸悪の根源」であるとまで考えているのだが、それではいったいなぜこのようなものが作られ、それがこれまで一度たりとも修正されることなく、戦後まもない時代から現在にいたるまでずっと日本の漢字に多大な影響をあたえてきたのだろうか。

本書では、戦後の日本においてさまざまな事情で振りまわされてきた漢字の姿をとらえてみようと思う。それはまさに受難の歴史であった。

第1章　終戦と漢字

1-1 国語ローマ字化への模索

戦後の教育改革

夕食後に家族でテレビを見ていると、戦前の小学校で撮影された映像が流れて、まだ小学生だった子供たちが、どうしてこの教室は男の子ばかりで、女の子が一人もいないのか、とたずねたことがあった。昔の学校では男の子と女の子のクラスが別々だったのだと説明すると、小学二年生だった息子はなんでそんなことするの？　と不思議そうな顔をし、五年生の娘はそれなら体育の時間にキライな男子といっしょにプールに入らなくてもいいから楽だなぁ……と奇抜な感想を漏らした。

わが家の子供たちは男女共学の公立小学校に通っていたので、その光景を奇異に感じたのも無理はないが、日本の学校では明治二十四年に出された「学級編制等ニ関スル規則」によって、尋常小学校（昭和十六年から終戦まもなくまでは「国民学校」）では一・二年生だけを男女共学とし、三年生以降は男女でクラスを分けることとなっていた。尋常小学校を卒業したあと、さらに進学する者は旧制中学校や高等女学校、あるいは各種の実業学校などに進んだが、そこはいずれも男性または女性だけの学校であった。私たちの世代では常識的なことだが、終戦から半世紀以上もの時間がたったいま、若い世代のなかには、戦前の日本に「男女共学」という状況が基本的になかったことを知らない人も多いようだ。

私立学校は別として、日本の学校が義務教育から大学まで男女共学になったのは戦後しばらくしてからのことで、昭和二十二年三月三十一日に公布された「教育基本法」(平成十八年十二月制定のものと区別して「旧教育基本法」と呼ばれることもある)の第五条に「男女は、互に敬重し、協力し合わなければならないものであつて、教育上男女の共学は、認められなければならない」とあるのがそのよりどころである。

昭和二十年八月の「ポツダム宣言」受諾による太平洋戦争敗戦を契機として、日本では政治や経済体制を中心に、さまざまな領域でそれまでとは大きくことなった変革が実施された。明治以後ずっと国家の主権を掌握していた天皇は、「現人神《あらひとがみ》」から「人間」になって、「日本国と日本国民統合の象徴」とされた。主権在民と戦争の放棄をうたった憲法が公布され、「民主主義的にして近代的」を標榜する政策と改革が、社会のすみずみにまで実施された。「男女同権」のスローガンのもとに婦人の解放がさけばれ、二〇歳以上の女性にもれなく参政権があたえられた。経済面においては財閥の解体がおこなわれ、「農地改革」という名で、それまで地主が保有していた農地を政府が強制的に買いあげて小作人に売却した。それはまさに、未曾有の大変動が日本国中に展開された時代であった。

終戦直後におこなわれた各種の大改革について、ここで簡単に述べることなどできるはずもないし、そもそもこの小著にあたえられた任務でもないのだが、そんな種々の激変のなかで、本書の内容と関連することがらとして、学校と教育に関する制度にも重要な改革が次々におこなわれたことにはどうしても触れておかねばならない。

アメリカ教育使節団報告書

教育面では先にふれた「男女共学」制の導入をはじめとして、中学校までの九年間を義務教育とする「六・三・三・四制」の実施や、都道府県および市町村レベルにおける教育委員会の設置、それにP・T・A(Parent-Teacher Association)を創設して学校の教職員と保護者の連携をはかるなどの施策が、矢つぎばやに実施された。

これら教育面における種々の改革は、戦後まもなく日本に進駐し、占領政策を実施した「連合国最高司令官総司令部」(GHQ=General Headquarters)の要請によって来日した「アメリカ教育使節団」(United States Education Mission to Japan)が提出した報告書に基づいて実施されたものがほとんどであった。

昭和二十一年三月五日と七日にわかれて来日した「アメリカ教育使節団」(のち昭和二十五年〈一九五〇年〉に来日した使節団と区別して、こちらを「第一次使節団」と呼ぶこともある)は総勢二七名、ニューヨーク州教育長官であったジョージ・D・ストッダード(George D. Stoddard 帰国後イリノイ州立大学総長となる)を団長とし、メンバーは大学の学長や教授、教育行政官、あるいは著名な心理学者などで構成されていた。

使節団はそれほど長くない滞在日程で視察と調査研究をおこない、またGHQに設けられていた教育・宗教など文化政策の担当部局「民間情報教育局」(Civil Information and Educational Section 以下CIEと略称)で、ロバート・キング・ホール(Robert King Hall)中尉が中心になって作成した"Education in Japan"という文書を参考に、南原繁《なんばらしげる》東京帝国大学総長(当時)をトップとする日本側の「教育刷新委員会」と討議をおこなって、三月三十日に総司令部最高司令官マッカーサー元帥にあてて報告書(以下『アメリカ教育使節団報告書』)を提出した。

ちなみに戦勝国から敗戦国へ視察にやってきた使節団の行動は、戦後の混乱期にもかかわらず、非常な優遇をうけたものであったらしい。事前にCIEから日本の文部省に出された「アメリカ教育使節団の日本滞在日程試案」という覚え書きには、「公式の会合は午前中だけ。午後は視察にあてるか、委員会の会合。土曜日と日曜日は旅行日。日本側は週三回、夜の娯楽を用意すること。例えば、オペラ、音楽会、演劇、展覧会など(ただし、これは月曜日から金曜日までの間で)」と書かれていたという(西鋭夫著『國破れてマッカーサー』中公文庫 二〇〇五、三四八ページによる)。彼らはまた「地方視察」という名目で京都と奈良へ、「物見遊山」といわれてもしかたがない「大名旅行」もおこなった。日本政府が昭和二十一年三月だけで使節団の滞在に使った費用は、宿泊費と食事代を含まずに一六万五〇〇〇円に達し、そのうち国内旅行に五万三〇〇〇円、夜の娯楽に五万円が費やされたという（前掲書による）。

さてこの『アメリカ教育使節団報告書』（本書では村井実全訳解説、一九七九、講談社学術文庫版による）には、まえがきと序論につづいて、

一、日本の教育の目的および内容
二、国語の改革
三、初等学校および中等学校における教育行政
四、授業および教師養成教育
五、成人教育
六、高等教育

という六章が設けられ、さらに末尾に「報告書の摘要」という部分があって、そこまでの議論の概要がまとめられている。

教育使節団は「われわれは決して征服者の精神をもって来たのではなく、すべての人間の内部に、自由と、個人的・社会的成長とに対する測りしれない潜在的欲求があると信ずる、経験ある教育者として来たのである」（序論）と自負していた。そんな彼らが、近代

教育理論にもとづいて積極的かつ情熱的におこなった調査と研究をふまえた具体的な提言がGHQによって全面的に支持され、それがそのまま日本政府にとっても教育政策でのもっとも基本的な文書とされた。

ここで勧告された政策の大多数が、それからほどなく実施に移された。そのことは講談社学術文庫版の解説で訳者の村井実氏が「この報告書の出現からすでに三〇余年を経た今日では、教育基本法や六三制はもちろん、男女共学も、P・T・Aも、ホームルームも、社会科も、要するに現在の学校教育に関する制度上、行政上、方法上、内容上のほとんど何もかもが、この報告書によって新しくこの国に採用されたものだなどとは、ほとんど考えることもできない人々が少くないであろう。だが、ほんとうに、この報告書の勧告に応じて、こうしたすべてが始まったのである」と述べている通りである。

日本の文化に対する無理解

しかし東洋と西洋の文化のへだたりはいつの時代においても小さくなく、この報告書も含めて、当時の連合国による占領統治政策のなかには、日本の歴史や文化に対する認識面で、部分的ではあったにせよ、誤解や偏見があったことは事実である。

たとえば昭和二十年十一月には、軍国主義の復活を防ぐという名目で、学校や警察などの公的機関で柔道や剣道の練習が禁止された。しかし武道は格闘における殺傷や防衛の技術、つまりけんかや戦争の手段を習得するためだけではなく、そこには技を磨く稽古を通じて人格の完成をめざすという、日本の伝統的な精神修養の側面があることはいうまでもない。それは茶道や華道、書道、あるいは日本舞踊などの芸道と共通する「道」なのであって、柔道や剣道の愛好者全員が忠君愛国精神の熱烈な信奉者で、軍国主義の復活を目指す人たちばかりであるというわけではもちろんない。武道は格闘技であるより前に、まず相手を敬い、それを通じて自分を見つめ直すための精神修養の場であった。そんな武道を愛好する人にとって、GHQによる武道禁止令は理不尽で納得できないものと感じられたにちがいないが、しかし被占領国の悲しさで、それに反抗するわけにはいかなかった。この状態は、連合軍による占領状態が終了して、武道禁止令が解除されるまで続いた。

もう一つの例は歌舞伎である。いまではアメリカ人のなかにも多くのファンをもつ歌舞伎も、占領統治下では苦難の時代を迎えていた。GHQは歌舞伎で演じられる主要なテーマである「忠義」や「親孝行」の概念を、天皇制あるいは封建的家族関係の復活につながる危険な思想とみなし、主君への忠誠や切腹、仇討ちなどを描いた演目の上演を禁止した。この命令によって、歌舞伎十八番「勧進帳」や「仮名手本忠臣蔵」、あるいは曾我兄弟による仇討ちを取りあげた演目は上演を厳しく禁止された。それらの芝居は、占領軍の目には「とんでもなく反動的で封建的な芝居」と映っていたわけだ。

ローマ字表記の提案

このように武道や歌舞伎などが禁止あるいは部分的に上演禁止とされたのは、一部の西洋人における日本文化への浅薄な理解のなせるわざであった。しかしそれはいまだからいえることで、相手は戦勝国からやってきた統治者であり、こちらは無条件降伏をした敗戦国であった。勝者と敗者のあいだで対等の議論がおこなわれることは実際には不可能で、結果としては短い期間ながら、日本人にはかなり理不尽と思える政策や命令がまかり通っていたのである。

アメリカ教育使節団が日本政府にあたえた勧告のなかにも、武道や歌舞伎の禁止と同じように日本の伝統や実情を無視し（あるいは軽んじて）、欧米人の考え方をそのまま日本に導入しようとした、性急で短絡的なものがあった。それは日本語の表記に使われる文字の問題だった。

報告書の第二章に「国語の改革」という章がある。全六章で構成される報告書のうち国語問題だけに一章をあてていることからも、彼らがこの問題をいかに重視していたかが見てとれるが、その国語改革に関する部分に、次のような一節がある。

書かれた形の日本語は、学習上の恐るべき障害である。日本語はおおむね漢字で書かれるが、その漢字を覚えることが生徒にとって過重な負担となっていることは、ほとんどすべての識者が認めるところである。初等教育の期間を通じて、生徒たちは、文字を覚えたり書いたりすることだけに、勉強時間の大部分を割くことを要求される。教育のこの最初の期間に、広範にわたる有益な語学や数学の技術、自然界や人間社会についての基本的な知識などの習得に捧げられるべき時間が、こうした文字を覚えるための苦闘に空費されるのである。(中略)

おおざっぱに言うと、書き言葉の改革に対して三つの提案が討議されている。第一のものは漢字の数を減らすことを要求する、第二のものは漢字の全廃およびある形態の仮名の採用を要求する、第三は漢字・仮名を両方とも全廃し、ある形態のローマ字の採用を要求する。

これら三つの提案のうちどれを選ぶかは容易な問題ではない。しかし、歴史的事実、教育、言語分析の観点からみて、本使節団としては、いずれ漢字は一般的書き言葉としては全廃され、音標文字システムが採用されるべきであると信ずる。音標文字のシステムは比較的習得しやすく、そのため学習過程全体を非常に容易なものにするであろう。まず、辞書、カタログ、タイプライター、ライノタイプ機(引用者注、キーボードから入力された文字の活字母一行分を鋳型とし、鉛を流しこんで印刷用の版型を作る装置。Line of type の省略語)やその他の言語補助手段の使用が簡単になる。さらに重要なのは、日本人の大多数が、芸術、哲学、科学技術、に関する自国の書物の中で発見できる知識や知恵に、さらに近づきやすくなることである。また、これによって、外国文学の研究も容易になるであろう。

漢字に含まれているある種の美的価値やその他の価値は音標文字では決して完全に伝えられえない、ということは容易に認めることができる。しかし、一般の人々が、国内および国外の事情について充分な知識をもち、且つ充分に表現できなければならないとすれば、彼らは、読み書きについてのもっと単純な手段を与えられなければならないのである。

統一的且つ実際的計画の完成は遅くてもよいであろう。だが、いまこそそれを始める好機である。

本使節団の判断では、仮名よりもローマ字のほうに利が多いと思われる。さらに、ローマ字は民主主義的市民精神と国際的理解の成長に大いに役立つであろう。

ここに多くの困難が含まれていることもわかっている。多くの日本人が躊躇する自然の気持もよくわかる。また提案された改革の重大さも充分自覚している。しかしそれでも、あえてわれわれは、次のことを提案するのである。

一、ある形のローマ字が、すべての可能な手段によって一般に使用されること。

二、選択された特定のローマ字の形態は、日本人の学者、教育界の指導者、および政治家から成る委員会によって決定されること。
三、この委員会は過渡期における国語改革計画をまとめる責任を引き受けること。
四、この委員会は新聞、定期刊行物、書籍その他の文書を通じて、学校および社会生活、国民生活にローマ字を導入するための計画と実行案とをたてること。
五、この委員会はまた、さらに民主的な形の話し言葉を作り出す手段を研究すること。
六、子供たちの勉強時間を不断に枯渇させている現状に鑑み、この委員会は早急に結成されるべきこと。適当な期間内に、完全な報告と包括的な計画案が公表されることが望まれる。（中略）
いまこそ、国語改革のこの記念すべき第一歩を踏み出す絶好の時機である。おそらく、このような好機は、これからの何世代にもわたって二度と来ないかもしれない。日本人の眼は未来に向けられている。日本人は、国内生活においても、また国際的指向においても、簡単で能率的な文字による伝達方法を必要とするような新しい方向に向かって進み出している。（『アメリカ教育使節団報告書』五四〜五九ページ）

漢字の難しさ

一般にあまり知られていない資料であり、本書の議論に深くかかわる部分なので長い引用となってしまったが、ここで提案されていることをひとことでいえば、これからの日本語はローマ字で書くべきで、そのための設備とシステムを早急に開発せよ、ということにほかならない。ここで「ある形のローマ字」と言っているのは、当時ローマ字の書き方として訓令式（昭和十二年に内閣訓令で示された方式）・ヘボン式（James Curtis Hepburn が日本最初の和英辞典『和英語林集成』で使った方式）・日本式（初期の代表的なローマ字論者であった田《た》中《なか》舘《だて》愛《あい》橘《きつ》が明治十八年に発表した方式）という複数の種類があったからだが、それはともかくとして、大文字小文字あわせてもたかだか数十しかない表音文字だけを使って言語を表記している欧米人の目には、複雑な形の漢字を、少なくとも二〇〇〇種類ほどは使わねばならない表記方法が、まるで悪魔が作ったシステムででもあるかのように感じられたのだろう。

彼らにとっては、ローマ字がもっとも進歩的な文字だった。それはわずか二六文字であらゆる単語や文章を書くことができるし、欧米の先進国家はほとんどすべてローマ字を使っているから、欧米人にとってそれは「世界共通の文字」以外のなにものでもない。敗戦後の日本が復興をとげて、やがて国際社会に復帰するためには、あらかじめ国内においても、国語表記にこの「世界共通の文字」を採用して国際的な認識を高めておく必要があり、いまはその絶好のチャンスである。

もちろんこれまでの方式をあらためて、一度にローマ字表記に移行するのは困難であり、時間がかかることもわかっている。しかし世界的に見れば、あるときを境に国語表記の文字を切り替えた例はいくつもあり、たとえば一九二二年に帝政を廃止し、翌年に共和制を宣言したトルコが、初代大統領ケマル・アタテュルクの政策で、それまでのアラビア文字からローマ字に変えたのはよく知られた事実である。ほかにも、ずっと中国の影響を受けていたベトナムでは古典や歴史的な記録の多くを漢字で書いていたが、一九一九年に科挙《かきょ》を廃止し、フランス総督府による「クオック・グー」(ローマ字でベトナム語を書くシステム)教育の推進によって伝統的な表記法が減少し、さらに一九四五年の阮《グエン》朝滅亡とベトナム民主共和国の成立によって、それまでの漢字に代わって「クオック・グー」が文字システムとして正式に採択された。

日本が占領統治していた時代では漢字仮名交じり文による日本語の使用を強制されていた朝鮮半島でも、日本の統治終了後は民族文字であるハングルによる言語表記が強力に推進された。いま朝鮮半島の北半分では漢字はまったく使われず、南半分の地域でも、韓国を旅行された経験がある方ならよくご存じの通り、街なかはほぼ一〇〇パーセントハングルという状態である。

複雑なのはモンゴル国である。モンゴル語は歴史的に縦書きのモンゴル文字で書かれていたが、ソ連の全面的な支援によって独立したモンゴル人民共和国では、モスクワからの指示で、キリル文字による表記体系を採用した(一九四一年)。それがソ連の崩壊に連動して新生のモンゴル国となったときには、民族意識の高揚もあって、伝統的なモンゴル文字を復活させようという動きが高まった。しかし文字の切り替えはそう簡単には進まず、紆余曲折をへて、一時期は正式に計画されていたモンゴル文字への全面的な切り替えは中止となった。現在は個人によってバラバラの表記が通用している状態だという。

世界的に見れば、大きな社会的変革期には言語表記の文字が変更されることも珍しくない。そして戦後の日本でも、新しい文化が導入され、新しい国家に生まれ変わるのを機に、言語のシステムも新しくなって当然である、との認識が一部にあったようだ。

複雑な形、音や意味の使いわけ

たしかに漢字は、ローマ字や仮名にくらべて格段に難しい。こんな複雑な表記システムを身につけて、なんとか日本語が書けるようになるためには、非常に長い時間にわたる努力が必要である。そんな大変な努力をしている時間があれば、もっと簡単に覚えられる文字だけで文章を書き、漢字学習を廃止することであまった時間を数学や外国語など、より実用的な分野の学習にあてるべきだ、とアメリカからやってきた使節団は主張したし、それに賛成する日本人も少なくなかった。

漢字習得のための学習時間が少なくなればなっただけ、はたして子供たちが数学や理科、あるいは英語の勉強に熱心に取り組むかどうかは私には大いに疑問に感じられるが、それはともかくとして、漢字は特に初等教育において習得に時間がかかる文字であることは否定できない事実である。

ひらがなやカタカナだけなら小学校低学年の児童でもだいたい書けるし、いまは幼稚園でもほとんどのところが仮名を教えている。それに対して漢字は小学校六年間を通じて基本的なものを習得することになっていて、現在では合計一〇二六種類の漢字が「教育漢字」――学習指導要領に示された「学年別漢字配当表」の漢字――として教えられている。この一〇二六という数は、仮名やローマ字の字数の実に二〇倍以上にあたる。だが小学校で教えられる教育漢字だけで現実社会に対応するのは、まず不可能である。教育漢字には「虹」や「購」、「渋」、「鑑」、「丼」あるいは「冗」や「錯」など、多くの大人が日常的に使っている漢字が入っていないからだ。教育漢字は一〇二六種類だから、社会生活をいとなむ上で使われる漢字の目安とされる常用漢字(二一三六字)から見ればほぼ半数にすぎないのだが、しかしその教育漢字が満足に読み書きできない中高生だって、現実にはたくさん存在する。

さらに漢字と仮名やローマ字を字形面で考えても、ローマ字や仮名がせいぜい三画か四画で書けるのに対して、漢字を書くストローク数は比較にならないほど多い。「二」、「乙」、「二」、「上」、「山」、「川」のような一画二画三画の字はむしろ例外で、「家」や「料」のように毎日読み書きする漢字でも一〇画、「営」や「散」は一二画、「整」「興」「賢」は一六画もある。二〇画前後もある漢字のなかにも「警」「護」「露」のようによく使われる漢字が含まれていて、これらの文字を覚える時間や書くのに必要な労力は、仮名やローマ字とは比較にならないほどに大きい。ちなみに小学校で学習する教育漢字でもっとも画数が多いのは「競」「議」「護」(いずれも二〇画)、これまでの常用漢字でもっとも画数が多いのは二三画の「鑑」だったが、「常用漢字表」改定の際に追加され、難しい漢字の代表と世間でよく意識される「鬱」はなんと二九画もある。

さらに困ったことに、複雑なのは決して字形だけではなく、読み方の面でも漢字は一筋縄ではいかない。ほとんどの漢字には音読みと訓読みがあって、たとえば「平」は「平行」と「平等」と「平ら」ではすべて読み方がちがう。音読みだけを考えても、「楽器」と「楽園」では意味のちがいに応じて「楽」を読みわけなければならないし、「重複」や「発足」ということばでは人によって読み方がことなり、どちらが正しいという結論も出しにくい。「首相を相手に相談する」では「相」を、「断食あとの食事でごちそうを食べる」では「食」を、「異常気象で象に異変」では「象」を、いささか奇妙な例文だが「生意気な生娘と一生にわたって生活をともにする」では「生」を、それぞれ正しく読みわけなければならない。漢字を自由に使いこなすとは、このように複雑な形や音や意味の使いわけをすべて暗記することにほかならない。

戦前における漢字規格の作成

漢字にはこのような「欠点」がたくさんある。だから日本語を書くために使う漢字の種類をできるだけ少なくするべきだ、あるいはいつまでも「前近代的で遅れた文字」である漢字を使っていては近代的な国家の発展に希望がもてないから、これからは漢字をまったく使わず、日本語も欧米の諸言語のようにローマ字で書くか、あるいはカタカナだけで書くようにするべきだという意見は、別に外国人から指摘されるまでもなく、日本でも明治前後あたりからずっと唱えられていたものだった。

そのもっとも古い例は、日本に郵便制度を導入したことで知られる前島密《まえじまひそか》（一八三五―一九一九）が慶応二年に徳川慶喜《よしのぶ》に提出した建白書「漢字御廃止之議」であるとされ、彼は「国家の大本《おおもと》は国民の教育にして、其教育は士民を論せす国民に普《あまね》からしめ之を普からしめんには成る可《べ》く簡易なる文字文章を用ひさる可らす」と述べて、仮名文字による教育の普及を主張した。

いっぽう土佐藩出身の南部義籌《なんぶよしかず》（一八四〇―一九一七）は、ローマ字による国語表記を提案した。南部は明治政府が設置した学問所で漢学を学んでいたが、かつて蘭学を学んだときに覚えたローマ字の利点に感服しており、明治二年にかつての主君で時の大学頭でもあった山内豊信《とよしげ》（容堂）に「修国語論」を建白した。

南部の主張は、学ぶのにも記憶するのにも簡単なローマ字で国語を書くようにして、日本の文明をヨーロッパ諸国のレベルにまで到達させようというものであり、同様の考え方は、「哲学」とか「自由」「理性」「主観」など、それまでの日本になかった事物や概念に対する翻訳語を数多く作ったことで知られる西周《にしあまね》にも見える。西は明治七年に発表した「洋字ヲ以テ国語ヲ書スルノ論」（『明六雑誌』第一号所収）のなかで「アベセ二十六字ヲ知リ苟《イヤシク》モ綴字ノ法ト呼法トヲ学ベバ、児女モ亦男子ノ書ヲ読ミ、鄙夫《ヒフ》モ君子ノ書ヲ読ミ、且自ラ其意見ヲ書クヲ得ベシ」と述べている。

いきなりローマ字や仮名による表記に移行するのではなく、まず漢字の数を減らすことからはじめるべきだと主張した思想家もいた。福澤諭吉は明治六年の『文字之教』のなかで「日本ニ仮名ノ文字アリナガラ漢字ヲ交ヘ用ルハ甚ダ不都合ナレドモ、往古ヨリノ仕来《シキタ》リニテ全国日用ノ書ニ皆漢字ヲ用ルノ風ト為リタレバ、今俄《ニハカ》ニコレヲ廃セントスルモ亦《マタ》不都合ナリ」として、漢字の数を二、三千程度におさえることを主張した。しかし福澤もいつかは漢字を廃止すべきだと考えており、前文に続けて「時節ヲ待ツトテ唯手ヲ空《ムナシ》フシテ待ツ可キニモ非ザレバ、今ヨリ次第ニ漢字ヲ廃スルノ用意専一ナル可シ。其用意トハ文章ヲ書クニ、ムツカシキ漢字ヲバ成ル丈《ダ》ケ用ヒザルヤウ心掛ルコトナリ。ムツカシキ字ヲサヘ用ヒザレバ、漢字ノ数ハ二千カ三千ニテ沢山ナル可シ」と述べている。

その他にも、初代の文部大臣となった森有禮《ありのり》は、日本語の使用をやめて英語を国語とすべしという議論を唱え、それをふまえて、「小説の神様」とたたえられた作家志賀直哉は、太平洋戦争が終結してわずか半年後の昭和二十一年四月に、これからは世界でもっとも優れた言語であるとされるフランス語を国語にするべきだ、とする主張を雑誌『改造』で発表した。この二人の言説はいまの私にはまったくの暴論か、あるいは無定見な冗談のように思えるが、しかし論者たちは大まじめだったのである。

前島密が漢字を廃止して仮名で日本語を書こうという主張を実践するために、日本語の文章を仮名だけで書いた、『まいにち　ひらかな　しんぶんし』という新聞を発行した（明治六年）のをはじめとして、仮名やローマ字だけで新聞・雑誌を印刷刊行する努力が、実際にさまざまな人によって実践されてきた。さらにはその方式をより広く普及させるために、英文タイプライターの構造を利用してカタカナが打てるタイプライターが開発され、発売されたこともあった。

個人的な経験だが、私が卒業論文を書いていた昭和四十九年ごろ、このカタカナ・タイプライターを京都市内の文房具店で実際に見かけたことがあった。論文に引用する資料を整理するためにカードを作るのに便利かなと思い、一時期は購入を真剣に考えたこともあった。しかしいかに資料整理のためであるとはいえ、やはり漢字が使えないのは致命的な欠点であり、結局は買わなかった。英文タイプライターはそのころすでに電動式のものが一般的だったが、私が見たカナタイプは電動式ではなく、売価はたしか七万円くらいであったと記憶する。当時の京都でバスの料金が八〇円だったと記憶するから、それは学生には安い買い物でなかった。

臨時国語調査会の常用漢字表

閑話休題、ここまで述べてきた漢字制限論あるいは廃止論は、いずれも明治初期から戦前にかけての民間人からの主張であるが、そのような主張をうけて、政府機関が日本語表記に使う漢字の数をできるだけ少なくしようとする試みも、戦前からすでにおこなわれていた。

その最初の試みをおこなったのは「臨時国語調査会」という組織だった。これは文部大臣の監督のもとに国語に関する事項を調査するために大正十年に設置されたもので、そこで「国民生活における漢字の負担を軽減する」ことを目的として、漢字一九六〇字とその簡易字体一五四字を収めた規格が作られた。その名を「常用漢字表」（大正十二年五月発表）という。それは昭和五十六年に作られた「常用漢字表」と同じ名前であるが、単に同名であるだけで、もちろんまったくの別物である。

日本ではじめて漢字制限を目的として制定されたこの表は、民間人の個人的な主張ではなく、政府サイドから出された漢字の規格であったという点で画期的であり、審議の結果、大正十二年九月一日から新聞各社がこの規格に基づいて新聞を編集すると予定された。

もともと文章を書くのにたくさんの漢字を使わなければならない状況に困り、打開策を必要としていたのは新聞社だった。活字印刷で新聞を作っていた時代では、膨大な量の活字が必要となる。さらに見出しと本文では文字の大きさや書体がことなるから、新聞社は数千に及ぶ漢字を大きさと書体ごとに数セット用意しなければならない。それを設置するだけでも広大なスペースが必要で、おまけにそれを扱う多数の職人が必要となる。新聞社は経営上の観点から、活字管理の空間と手間、それに従業員の数をできるだけ削減したかった。そのためには紙面に使う漢字の種類を減らす必要がある、と痛切に感じていた。

それでこの「常用漢字表」を審議するための委員会に、東京と大阪の有力新聞一四社の首脳陣が委員として加わった。こうして作られた規格は新聞社にとってまことに歓迎すべきもので、合計二〇社の新聞が九月一日に共同宣言を発表して、この表に基づく漢字制限を実行しようとした。ところがその実施予定の日に、関東大震災という激甚災害が発生して、首都にあったほとんどの新聞社が焼失または破壊されて、せっかくの計画も実施不可能となってしまった。

話は前後するが、この「臨時国語調査会」の初代会長には、日本を代表する文豪の一人である森鷗外（森林太郎）が就任した。

戦前から戦後にかけて文部省で国語関連の施策に長年にわたってたずさわり、いつもその中核的な部分に関与してきた言語学者保科《ほしな》孝一の『ある国語学者の回想』（朝日新聞社一九五二）が記すところによれば、鷗外はもともと会長を引き受けることをいやがっていたらしい。臨時国語調査会には島崎藤村や有島武郎、巌谷《いわや》小波《さざなみ》などの作家もメンバーとして参加していたが、そのような文化人のほかに、先に書いたように漢字問題に深く関わる新聞業界から多数の委員が参加していた。ところが鷗外は新聞記者が苦手で、新聞社から選出された委員の顔ぶれを見ておそれをなした。うっかり会長などになって新聞界からひどい目にあわされはしまいかと心配していた、というのである。それを時の文部次官だった南弘《みなみひろし》が半日かけて口説き落とし、ようやく承諾させた、と保科は記している。

しかし実際に会議に参加すると、新聞界からの委員たちもりっぱな紳士であり、国語問題にも非常な熱意を有することがわかったので、鷗外も会を重ねるにつれて委員を深く信頼するようになったという。しかしその鷗外は会の成果である「常用漢字表」の成立を見ることなく、会長に就任してまもない大正十一年七月九日に他界した。

鷗外死去後は、東京帝国大学国語研究室の初代主任教授で、のちに貴族院議員となる言語学者上田萬年《かずとし》が会長を務めた。上田はドイツに留学して言語学（当時は博言学と呼ばれた）を学んだ学者で、『大日本国語辞典』（冨山房・金港堂　一九一五―一九）の著者としてもよく知られている（ただその辞典は実際にはほとんどが共著者である松井簡治による仕事で、上田は単に名前を貸しただけであったという）。

だが上田がヨーロッパで学んできたのは、アルファベットという表音文字を使う言語の上に構築された言語学であった。西欧の言語学では文字は音声言語を写し取るためだけの単なる手段としか認識されず、文字それぞれには固有の意味がないから、古代文字の解読などのケースをのぞいて、文字が研究の対象となることはほとんどない。上田はそんな西洋言語学の立場から漢字の問題に取り組んだから、当然のように漢字はやがて廃止されるべきだと考え、その立場からの主張を展開した。前述の保科孝一はこの上田のもとで言語学を学んだ初期の学生であったから、当然その立場で国語施策にたずさわることとなった。

標準漢字表

臨時国語調査会による画期的な「常用漢字表」は、まことに不幸なことに、関東大震災の犠牲となってしまった。しかし漢字の使用を適度に制限するための試行はその後も続けられ、昭和六年には「常用漢字表及仮名遣改定案に関する修正」という名称で、大正十二年作成の「常用漢字表」(一九六〇字)から一四七字を削り、あらたに四五字を増やすという形で一八五八字を収めた表が作られ、さらに昭和十七年六月には国語審議会が「各官庁及び一般社会において使用する漢字の標準」として、計二五二八字を収める「標準漢字表」を文部大臣に答申した。

この「標準漢字表」が、戦後の漢字規格として大きな役割を果たした「当用漢字表」を作成するための重要な基礎資料となるのだが、それは後述することとして、この「標準漢字表」を制定した目的について、その前書きに、本表ハ近来ワガ国ニオイテ漢字ガ無制限ニ使用セラレ、社会生活上少カラヌ不便ガアルノデ、コレヲ整理統制シテ、各官庁オヨビ一般社会ニオイテ使用セラルベキ漢字ノ標準ヲ示シタモノデアル。

と記されている。つまりこの表は官庁と一般社会における漢字の標準を示すというわけだが、この表は漢字全体を属性によって三種類に分類していることに最大の特徴がある。

その分類とは常用漢字・準常用漢字・特別漢字の三種であり、常用漢字とは「国民ノ日常生活ニ関係ガ深ク、一般ニ使用ノ程度ノ高イ」一一三四字、次の準常用漢字は「常用漢字ヨリモ国民ノ日常生活ニ関係ガ薄ク、マタ一般ニ使用ノ程度モ低イ」一三二〇字で、最後の特別漢字とは「皇室典範、帝国憲法、歴代天皇ノ御追号、国定教科書ニ奉掲ノ詔勅、陸海軍軍人ニ賜ハリタル勅諭、米国及英国ニ対スル宣戦ノ詔書ノ文字デ、常用漢字、準常用漢字以外ノモノ」七四字で、具体的には「朕」や「璽」、「祚」、「肱」、「詰」、「謨」などがそこに入っている。

「簡易字体」の登場

さらにこの「標準漢字表」は、社会で使用する漢字の種類（字種）を選定しただけでなく、いくつかの漢字について「簡易字体」の使用を認めた点でも、後世に大きな影響をあたえるものとなった。

「標準漢字表」の最後のほうに「簡易字体」という項目があって、そこに「左ノ簡易字体ハ一般ニ使用セラルベキモノ」として「並・乱・仮・両・実・属・廃」など四八字の「常用漢字」と、「剤・嘱・岳・径・恋・択」などの「準常用漢字」三〇字が掲げられ、実際の表のなかでは「乱（亂）」や「両（兩）」のように、簡略形を最初に、続くカッコのなかに旧字体を配置する形で掲げられている。それはそれまで世間で使われてはいたものの、略字とか俗字と呼ばれて、価値が一段低いものと認識されていた簡易字体を、正規の字体と認定しようとしたものであった。

さらにそれとは別に、正規の字体と認定するのではないが、一般の文書での使用を許容される簡易字体も指定されていて、「左ノ簡易字体ハ一般ニ使用シテ差支ナイ」として、「佛・勞・勵・區・國・圍・壽」などについて「仏・労・励・区・国・囲・寿」という字体を使っても差し支えないとした。この部分には「常用漢字」から四〇字、「準常用漢字」から二四字が選ばれているが、実際の表のなかでは「佛（仏）」とか「區（区）」のように、正字体が最初に掲げられ、その下にカッコつきで許容字体が掲出されている。ただしこれらの簡易字体は「一般ニ使用セラルベキモノ」も「一般ニ使用シテ差支ナイ」ものも、「皇室典範、帝国憲法、歴代天皇ノ御追号、詔勅ヲ印刷マタハ書写スル場合ニハ、簡易字体ヲ使用シナイ」と注記されている。

　このようにそれまで「略字」とか「俗字」などと呼ばれていた簡略体を正規の字体と認定しようとする考えは、戦後の「当用漢字表」につながり、さらに現在にいたる漢字施策にもつながるものであったといえる。だが「標準漢字表」が作られた昭和十七年という時代は太平洋戦争のまっただなかであって、「同文同種」である中国を含めて「大東亜共栄圏」を建設しようと主張する当時の政府や軍部、あるいは社会風潮では、漢字を制限したり、「略字」に市民権をあたえようとする姿勢に対する反対が強かった。

「標準漢字表」は実際には施行されることなく、そのまま単なる草案として役所の倉庫に埋もれてしまった。だがこの表は戦後の「当用漢字」の母胎として大きな影響をあたえることとなる。そのことは「当用漢字表」との関係で、のちにあらためて述べることとする（五八ページ参照）。

漢字読み書き調査

「標準漢字表」は日本語表記において一定数の漢字だけを使い、なるべくわかりやすい日本語を書く方法の実現を目指そうとするものであった。なかに「特別漢字」として皇室や「国体」などにかかわる漢字を含んでいる点は時代のなせるわざであるが、それでもそれが漢字制限を目指したものであったことはまちがいない。

ところが戦後になると漢字に対する風当たりがさらに強くなって、制限論から一気に廃止論に突きすすみはじめた。ＧＨＱが占領政策の一環として、漢字を使うこと自体に対して根本的な見直しを勧告し、それをうけて、漢字を使わずに日本語を書く方法が摸索されるようになったというわけだ。

ＧＨＱの最高司令官マッカーサー元帥は、昭和二十年（一九四五年）九月二日に東京湾上に浮かぶアメリカ軍艦ミズーリ号甲板で、日本が降伏文書に署名した数分後にアメリカ国民に向けてラジオで演説し、そのなかで“We stand in Tokyo today reminiscent of our countryman, Commodore Perry, 92 years ago.”（きょう私たちは九二年前のペリー提督のように東京に立っている）と演説したが、敗戦後の占領統治は、まさに昭和の「黒船来航」そのものであった。そして幕末の日本がまだしも自主的に外国に対応できたのとはちがって、敗戦国であった日本は戦勝国に頭があがらず、占領軍から強い圧力をともなって出される改革要求と政策を、ほとんどそのまま受けいれざるをえなかった。

昭和二十年九月三日、日本に進駐したばかりのＧＨＱは、「日本国政府ハ一切ノ都会自治町村及市ノ名称ガ　此等ヲ連結スル公路ノ各入口ノ両側及停車場歩廊ニ　少クトモ六『インチ』以上ノ文字ヲ使用シ　英語ヲ以テ掲ゲラルルコトヲ確保スルモノトス　名称ノ英語ヘノ転記ハ修正『ヘボン』式（ローマ字）ニ依ルベシ」（連合国最高司令部指令第二号の第二部一七）という指令を出した。要するにＧＨＱ所属のアメリカ人のほとんどは漢字も仮名もわからないから、道路標識や駅名表示あるいは公共施設の看板にローマ字と英語表記を使用せよという命令である。

このようにGHQは占領当初からローマ字による日本語表記にこだわったが、そのころGHQ傘下の民間情報教育局にジョン・ペルゼル（John Pelzel）という将校がいた。一九一四年生まれだから当時まだ三〇代前半で、「日本の神話における人間性」（『日本の歴史と個性　現代アメリカ日本学論集』上・近世　山崎信子訳　ミネルヴァ書房　一九七三）という論文も書いている文化人類学者だが、そのペルゼルが文部省に対して、一般的な日本人が漢字をどれくらい読み書きできるか、その能力を調査することを提案した。ペルゼルももちろんGHQの方針であるローマ字表記を支持しており、その政策を実現するために、まず日本人の識字能力を調査して一般的な日本人における文字の読み書き能力が低いことを実証し、その能力の低さは漢字の難しさが原因であると結論づけようとした。要するに、漢字廃止に向けて動かぬ証拠を作ろうとしたわけだ。

CIEから下駄をあずけられた文部省は、これをうけて「読み書き能力調査委員会」を設立し、教育研修所所長であった務台《むたい》理作を委員長に指名した。務台と他の委員たちは、焼け野が原が一面に広がる東京で、食べるものすらろくにない極度の混乱期に、前代未聞の識字能力テストの実現に努力した。それは想像を絶する苦労をともないながらの業務だったにちがいない。

調査は半年間の準備をへて、昭和二十三年八月に全国一斉に実施され、さらに一年あまりの時間をかけて整理と分析がおこなわれて、二十五年十月に、『日本人の読み書き能力』（読み書き能力調査委員会編　東京大学出版部　一九五一）という大著に詳細がまとめられた。この調査は当時の日本人の言語に関する能力のありようを、統計学的手法を用いて、ほとんど完璧といっていいほど正確に把握したものであった。

報告書は随所にグラフや表をはさみこんだ大型の書物で、最後には九一六というページ数がついている。ただしこれは額面通りの総ページ数というわけではない。というのは、報告書の作成に直接たずさわった野元菊雄氏（のち国立国語研究所所長）が、著名な国語学者である林大《はやしおおき》氏や柴田武氏など戦後の国語施策の現場に深く関わった関係者との座談会のなかで、

私は、『日本人の読み書き能力』の本を作ったと言えば作ったわけですけれども、この本はほかにないいろんな特色がありまして、例えばページ数が途中で飛んだり何かするんです。章ごとにページを改めましたから、飛んでいるんです。そうすると、普通これを紹介してあるものには、『日本人の読み書き能力』全何ページと書いてあって、最後のページ数を見て書いているから、随分大きな本のような感じがするんですけれども、実は間がたくさん抜けているんです。ある章が七百三十幾つかで終わると、次の章は八

百一ページからになっているといったような、――私がこれを作らせていただくならば、せっかくだから少し遊ぼうと思って、そういうことをやったんです。そんな本は、その後、ほかに出ていないだろうと思います。（『国語施策百年の歩み』二〇〇三　文化庁編、一一四ページ）

と語っているからである。

ページ数を不連続にすることにいったいどんなメリットがあったのか、そして何人もの人間が編集にかかわる書物のなかでなぜそんなことが許されたのか、私にはまったく理解できない。読者にとってはまことに迷惑な「遊び」であるというほかないが、ともあれその談話にもとづいて書物を調べてみると、実際に§9の「結論」が四三〇ページで終わっているのに、それにすぐ続く「表」が五〇〇ページからはじまっている、という具合である。だから末尾の九一六というページ数をそのまま信用することはできないのだが、しかしそれでもそれがかなりのボリュームをもつ本であることはまちがいない。

驚くべきはその価格である。この書物の奥付には一八〇〇円という定価が記されているが、東京都電が一〇円、都バスが一五円、たばこの「ピース」一箱が四〇円であったという当時の物価を考えれば、それはとんでもない金額である。また私が見た京都大学所蔵本には七七八番というナンバーがスタンプで押されているから、おそらく限定販売だったと思われる。

この本の最初には「読み書き能力調査委員会」の務台理作委員長による序文があって、「この調査は、日本ではもちろん世界でも類例のない大がかりなもので、特に各方面の専門家の協力による共同調査、最近の統計学をもちいた科学的調査として、日本で最初のものである。これによって国語国字問題はもちろん国語政策ないしは文化政策に役立つ基礎的な資料を得ることができたと思う」と述べている。実際これ以後の日本においてもこれだけの規模の識字能力調査はおこなわれておらず、今後もおそらくおこなわれることはないだろうから、まさに空前絶後の大調査であったといっていいだろう。

実際に試験を受ける調査対象は、当時の「物資配給台帳」に基づいて周到に準備され、統計学的方法によって全国の一五歳から六四歳までの男女が選ばれたという。「物資配給台帳」とはまことに時代を感じさせることばであるが、戦中から戦後にかけて物資が極端に不足した時代では、日用雑貨品等は決められた範囲内で配給を受けていた。昭和二十六年生まれの私は終戦直後の闇市や買い出しなどもちろん知らないが、それでも小学校のころにはまだ米の配給を受けるための「米穀配給通帳」があった。あるとき母について米屋に行ったとき、「通帳」を家に忘れてきたので売ってもらえず、私が「通帳」を取りに家まで走って帰ったことを覚えている(なおこの米穀配給通帳は、昭和五十六年六月の食糧管理法改正によって廃止となった)。

当時の国民なら必ず所帯ごとに穀物や衣料品の配給を受けるための通帳があったはずで、この調査ではそのための台帳を資料として被験者を選んだ、というわけだ。いまからは想像もできない話だが、当時としてはまことに賢明な被験者抽出方法であったというべきだろう。

こうしてランダムに選ばれた被験者に対して、あなたは「くじ引き」で試験を受けることとなった、個人ごとの試験の成績については一切問わないし、発表もしない、そもそも無記名による調査なので、どの答案がだれのものであるかもまったくわからない、ということなどを説明して調査を実施した。調査された被験者データ（報告書ではsampleと書かれている）は最終的に全国で一万六八一四名に達した。実際に試験を実施したのは文部省教育研修所（のち国立教育政策研究所）で、得られた結果を統計数理研究所の所員だった統計学者林知己夫《ちきお》氏が日本ではじめて「無作為抽出法（ランダムサンプリング）」を使って分析した。

調査の目的と結果

この調査はもともと進駐軍からの要請（実際には命令）にこたえておこなわれたものだが、日本側としては調査実施に対してどのような目的をもっていたのだろうか。そのことについて、前掲の報告書は次のように記している（原文は箇条書きになっているが、いまその要旨を抜粋した）。

調査を必要とする理由

日本国民の読み書き能力は、世界でもかなり高いものであるとされてきた。この説は、日本での義務教育の普及率や就学率と一般的な書物の出版率との高いことから想定され、支持されてきた。（中略）

しかしながら、一方、明治維新以来〝国語国字問題〟として論じられてきたことは、日本国民の読み書き能力は正常な社会生活を営むのに不十分であるということである。日本では義務教育の普及率はほぼ最高の限度に達し、言語（文字）教育は学校教育のなかで、もっとも重みをかけられてきたもののひとつであるのに、なお、国民の読み書き能力が、まだ正常な社会生活を営むのに不十分であるとすれば、改革すべきものは文字言語そのものである、ということになる。これが〝国語国字問題〟を論ずる人たちの共通した、根本的な意見である。しかし、国民の読み書き能力が、正常な社会生活を営むのに不十分であるということが、科学的に証明されたことは一度もなかった。（中略）

日本での国字改革のもっとも穏当な（国民にとってもたやすくうけ入れられる）手段は〝漢字制限〟であるといわれている。そして、この手段はたびたび試みられたが、太平洋戦争が終るまで成功しなかった。戦争後、一九四六年十一月に公布された漢字制限案、すなわち当用漢字表は多くの新聞、雑誌やおおやけの文書にも採用され、実行されているが、いったいこの程度の制限が十分にされれば、大衆にとって読み書きは楽になるものであろうか。もし、漢字をこれだけ制限しても、大衆の読み書き能力が高まらないならば、漢字の制限とその用法がもっと合理化されなければならないということになろう。

（同報告書一～二ページによる）

文中に言及される「当用漢字表」は昭和二十一年に内閣から告示されていたもので、この試験のときにはすでに漢字制限のためのもっとも公的な規格とされていた。そのことはすぐあとに詳述するとして、ここに述べられている調査の目的のなかには、日本人の読み書き能力の低さが証明されたら即座に漢字を廃止し、ローマ字による表記を進めようという連合国側の意図があきらかに読み取れる。

それでは実際に、どのような問題が出題されたのだろうか。ここで実際の問題を見てみよう。問題はいくつかのタイプにわかれていて、うちの一つに、選択肢のなかからふさわしい漢字を選べという趣旨の問題がある。

たとえば「朝、太陽は」という句（すべてルビがついている）のあとに「冬　東　雨　上」という選択肢があって、続いて「から出る」と書かれている。もちろん「東」を選ぶのが正解で、それで「朝、太陽は　東　から出る」という文章が完成する。同じような問

題として

病気のときは「健康　死亡　医師　危険」にみてもらう。

きょうは砂糖の「配給　産業　食糧　数量」があります。

あの人の「態度　国民　各派　必要」は立派だ。

統制を「上程　該当　機関　緩和」する。

といった問題が計一六問出題されている。

また漢字で書かれたことばの意味について正しいものを選ばせる設問があり、たとえば「父」について、「ひと　おとうさん　子　兄　おかあさん」の中から正解を選ばせる（選択肢中の漢字にはルビがついている）。他にも「警官」について、「あるく　役人　巡査　警告　あいさつ」、「希望」について「のぞみ　将来　たのしみ　心配　思いがかなう」、「交渉する」について「けんかする　話しあう　訪問する　汽車にのる　はじめる」などがある。もっとも難しいと思われるのは、「利潤」について「ききめ　商売　もうけ　うるおい　便利」とあるものだろう。

もちろん漢字の書き取り問題もあって、実際の出題は、

（つき）を見る
お（てがみ）いただきました。
みなさん（げんき）ですか。
さっそく（へんじ）をしましょう。
（ごうけい）すると千円になります。
お（ねが）い致します。
かぜをひいて（けっせき）した。
右のように（せいきゅう）致します。

（せんせい）お体を大切に。
この子は（しょうわ）生まれです。
のちほど（つうち）します。
あつく（おんれい）申しあげます。
私には（いもうと）があります。
（ほしょうにん）になって下さい。
役場へ（とどけ）を出す。
ともかく（りれきしょ）をお出しなさい。

というものであった。

当時の時代背景を感じさせる問題もたくさんあるが、それはさておき、この試験の結果はいったいどうだったのだろうか。それについては報告書の「§6　結果の記述」「§60　あらまし」に、次のようにまとめられている。

この調査は「日本国民の、これだけはどうしても読んだり、書いたりできなければならないと考えられた、現代の文字言語を使う能力を調べること」がその目的であり、その目的に合うように構成されたテスト資料によって、細心の注意を払いながら実施され、なるべく信頼度の高い結果を得ようと努力されたのであるから、この調査の問題は正常な社会生活を営んでいる人には全部できなければならないはずのものである。

しかし、額面どおりの満点（すなわち九〇点）をとった者は四・四％であり、不注意によるあやまりを見込んでも、「満点」と認め得るものは六・二％にしかすぎない。literacy（引用者注、文字の読み書き能力のこと）の定義にしたがえば、全国民の六・二％がliterate（原注、リテレイト、literacyを持っている）であるということができる。（中略）

literacyの限界以下の一番の底は〇点である。〇点はいわゆる「文盲」（ここでは「完全文盲」となづけた――以下原文のまま）といわれる者である。この調査では、〇点は一・七％であった（まったく一字も書けない、白紙の者と、書いてもひとつとして正答がなかった者とをふくむ）。かなはなんとか書けても、漢字はまったく書けない者も、「文盲」に近い者（これを「不完全文盲」と名づけた）とするならば、これらの文盲（不完全文盲と完全文盲とをふくむ）は全国民の二・一％と推定される。この数字は、世界の各国にくらべておそらく極めてひくいもので、日本ではＵＮＥＳＣＯの唱える「文盲たいじ」は問題にならないわけである。

要するに当時においても一般的な日本人の識字能力は決して低くなく、世界的に見ても高い水準を維持していたということができるが、この点については『朝日新聞』平成二十年（二〇〇八年）十二月五日付夕刊に掲載された「ニッポン人脈記」というコラムに興味深い記述がある。

記事によると、「読み書き能力調査委員会」の中核メンバーの一人で、出題を担当した柴田武氏（当時二九歳で東京大学助手、のちに東大教授、一九一八―二〇〇七）が、非識字者がわずか二・一％では漢字廃止につながらないと危惧したペルゼルに呼び出され、「字が読めない人が非常に多いという風になってくれなきゃ困る」と伝えられた。しかし柴田氏は「調査結果は捻じ曲げられない」と突っぱね、ペルゼルもそれ以上の無理押しはしなかったという。

民主主義と自由の権化である占領軍の幹部がデータの改竄を依頼するというのは尋常ではなく、にわかには信じがたい話だが、しかしそのことについては、当の柴田氏本人からの直接の証言もある。前掲の国語学者たちによる座談会において、柴田氏は次のように語っている。

ところが、調査が終わったある日、突然情勢が変わったわけです。私が昭和二十四年三月に国研に移ってからか、日にちは全然記憶がありませんけれども、ペルゼルが第一ホテルへ来てくれと言う。彼は第一ホテルに泊まっていました。そして一緒にコーヒーでも飲もうとも言わないで、自分のベッドルームへ連れ込んだんですよ。ヨーロッパ的なエチケットから言えば失礼千万ですが。

第一ホテルの個室は狭いんですね。やっと体が通れるぐらいの、空いた空間がある。そこのベッドに腰を掛けて、並んで話をした。ペルゼルいわく「この報告書を書き直してくれ。」というわけです。私は、直ちに拒否しました。リテラシー・テストの定義はそちらがなすったんでしょう。その定義に従って、こうしてみんなと相談してやったんだから、学者として直すわけに行きません。「ああ、そうか。」で終わりました。

ペルゼルはアメリカへすぐ帰りましたが、最後はそれだった。だから、CIEの中でこれを利用しようと考えていたんでしょう。つまりもっとできないというふうに書いてあれば、ローマ字化に便利でしょう。成績がいいというのでは、彼らに不利になるわけです。しかし、六・二パーセントしか十分のリテラシーを持っていないというのは、随分できないですね。それを更にと言う。そんな書換えなんてことはできっこない。

もともと私はローマ字論者です。もしローマ字論者がここで政治力を発揮して、うんとできないと報告書の文章を改竄するならば、これはそのために役立ったかもしれない。しかし、私は政治家的素質はなかったようで、調査マンとしての学問的立場を崩すわけにはいきませんでした。実は、そういう一件がありました。このことは、しばらく日がたつまではだれにも話しませんでした。(『国語施策百年の歩み』一五ページ)

こうしてローマ字による日本語表記を推進しようという目論見はついえた。漢字読み書きテストの結果は、GHQに属するアメリカ人や一部の日本人にとっては意外だったようだが、しかしよく考えれば、その時代の日本人は個人の能力や受けてきた教育の格差こそあっても、一定程度の漢字が読めたことはまちがいない。というのは、戦争が終結するまでは「大東亜共榮圈實現」とか「大本營發表」、あるいは「八紘一宇」「神州不滅」などという難しい言葉やスローガンを、それも旧字旧かなで書かれた文章を、朝から夜までずっと目にしてきたのである。

日本人はいやおうなしに、難しい漢字に毎日のように囲まれていた。それは小中学生においてもほとんど同じ状況であったから、当時の一般人の漢字読み書き能力が低かったはずがない。漢字の読み書きができない人がわずか二・一%にとどまったという結果には、ちょっとできすぎという感じがしないわけでもないが、集計の結果はもともと試験の出題内容によっても大きく変化する。だが先に見たように、読み書き能力テストに出題された問題を見るかぎり、すべてが簡単な漢字ばかりとも思えない。アメリカでは大学を卒業したインテリでも漢字が読めない。それは当たり前のことだが、しかしだからといって、子供のころから漢字を使った文章を読み書きしてきた日本人が、一般的な漢字を読めなかったはずはなかったのである。

1－2　当用漢字表の制定

標準漢字表の再検討

これからの日本語は、ひらがなかカタカナのような表音文字、できることならアメリカ人など漢字や仮名を使わない外国人にもわかるようローマ字で書くべきであるとの勧告がGHQやCIEから出されるより前に、文部大臣前田多門が、昭和二十年十一月に開催された第八回国語審議会に対して、漢字制限による国字改革についての審議を委託した。前田は新渡戸稲造《にとべいなぞう》の門下生で、終戦直後の東久邇《ひがしくに》内閣と幣原《しではら》内閣で文部大臣として教育改革を推進した人物だが、その委託をうけて、国語審議会はあらたに「標準漢字表再検討に関する漢字主査委員会」（以下「漢字主査委員会」）を設置した。

この委員会は名前からもわかるように、戦時中の昭和十七年に作られた「標準漢字表」（四〇ページ参照）の再検討を通じて新しい漢字表を作成しようとするもので、委員長には大正末年に中外商業新報社（日本経済新聞社の前身）の社長であった簗田欽次郎《やなだきゅうじろう》があたり、委員は東京帝大名誉教授で中国哲学史の研究者であった宇野哲人《うのてつと》や、元台北帝大総長の国語学者安藤正次、当時は東京文理科大教授で、『大漢和辞典』の著者でもある諸橋轍次《もろはしてつじ》など錚々たるメンバー一一名で構成された。

文化庁ホームページ所掲の「各期国語審議会の記録（終戦〜改組）」によれば、この「漢字主査委員会」は昭和二十年十二月十七日から翌二十一年四月九日までの約四ヶ月間に、計一四回も開催された。それは終戦直後の混乱期にもかかわらず、年末年始の期間を除いて毎週、多いときには週に二度という過密な日程だった。なおこの委員会が何度か文部省の食堂を会場として開催されたというのも、時代を感じさせるエピソードである。

この委員会ははじめに「標準漢字表再検討ニ関スル目標」という基本方針を制定し、議事は基本的にこの方針に沿って審議された。その目標とは、

1 昭和十七年六月発表国語審議会標準漢字表ニヨリ再検討ヲ行フコトトシ、先ズソノ常用漢字中ヨリ現代ニ適シナイモノヲ取除キ、コレニ今後ノ社会生活ニヒロク慣用セラルベキモノヲ準常用漢字中ヨリ選定シテ差加ヘルコト。

2 標準漢字表選定ノ際ニオケル種々ノ制約ヨリ離シ、全ク自由ノ立場カラ、新日本再建ニ適応スル常用漢字表ヲ選定スルコト。

3 右常用漢字表以外ノ漢字ハ原則トシテ仮名書キスルコト。
但シ同音語、固有名詞又ハソノ他ノ事情ニヨリ仮名書キニシテハ意味不明ノオソレアルモノハ、漢字ヲ割註ニスルコト。

4　常用漢字表ハ大要一千三百字内外ヲ目標トシテ選定スルコト。

というものであった。なお上記3の項目については、後日の委員会において、

（イ）　地名ハスベテカナ書キシテサシツカヘナイカ。
（ロ）　人名ハスベテカナ書キシテサシツカヘナイカ。
（ハ）　官庁名、官職名オヨビ各銀行、会社、店名ナドハスベテカナ書キシテサシツカヘナイカ。

という補足条項が追加された。固有名詞をめぐってはこのあとも議論が続いていくが、地名・人名・官庁や銀行・会社の名前をすべて仮名書きすることについては反対論が多く、この提案は最終的に見送られた。地名や人名をすべて仮名書きするのは大いに「サシツカヘ」があると私も思うが、この三つの事項についてもし「サシツカヘナシ」と判断が下されていたら、いまでは人名も地名も会社名もすべて仮名書きという、とんでもないことになっていたかも知れない。

委員会は「標準漢字表」をたたき台として、そこから「新日本再建ニ適応スル常用漢字表ヲ選定」するために短期集中的に審議を進め、最終的に「標準漢字表」のなかから一二九五字を選んだ「常用漢字表」を試案として作成した。

だがこの試案は、結局日の目を見なかった。理由は一二九五字という字数があまりにも少なかったからである。その字数は昭和五十六年に定められた「常用漢字表」が一九四五字でできているのに比べて六五〇字少ないし、現在の小学校で学習する「教育漢字」（一〇二六字）と比べても、わずか三〇〇字ほど多いだけである。

使える漢字が少ないことで、もっとも困るのも新聞業界だった。戦前の漢字施策においても新聞業界が大きな発言力をもっていたことはすでに述べたが、このとき決まった「常用漢字表」試案をうけて開かれた第九回国語審議会総会でも、予想通り新聞界の委員から、字数があまりにも少なすぎてこれでは新聞が発行できないという意見が続出した。また法律関係の委員からも、新憲法の草案に使われている漢字が六二字入っていないことが欠点として指摘された。その他にも、表中の漢字の字体や音訓の問題をめぐって多くの意見や質疑が出され、試案はそのまま継続審議となった。

続く第一〇回の国語審議会総会では、それまでの「標準漢字表再検討に関する漢字主査委員会」を廃止し、それに代わってあらたに「漢字に関する主査委員会」を設けることとなった。新委員会は『路傍の石』などの作品で知られる作家の山本勇造（ペンネームでは山本有三）を委員長とし、一八名の委員が任命された。

この新しい委員会も、旧委員会にまさるともおとらないほどのペースで開催された。第一回委員会が開かれたのは昭和二十一年六月四日だったが、それから同年十月十六日までの四ヶ月間に、実に二三回も開かれているのである。

このように新しい漢字表を作る作業が驚くほどのハイペースで進められた背景には、漢字制限が早急に解決するべき喫緊の課題と認識されていたことがある。そこにはおそらくＧＨＱからの指示や、前述したアメリカ教育使節団からの勧告が大きな影響をあたえていたものと推察される。

短期間にまとめられた当用漢字表

新しく作られた「漢字に関する主査委員会」では、第一回委員会でこれから作る漢字表について、先の「常用漢字表」一二九五字案に拘束されず、義務教育で教える漢字を盛りこみ、それとは別に法令やマスコミなどの社会でも使える案を作る、という二本立ての方針を確認した。続く第二回委員会（六月十一日）では審議日程について、教科書編修や司令部その他の方面からの要求もあるので、七月いっぱいを目標として新漢字表を完成し、さらに音訓の整理については一字につき一音一訓とする方針などを決めた。しかし新漢字表の完成期日まで、その会議からわずか二ヶ月足らずしかない！　また漢字の音訓についても、「一字につき一音一訓」などできるはずがない。たとえば「楽」という漢字に一つだけ音を認めるとすれば「ラク」(楽園)をとるのか「ガク」(音楽)をとるのかを考えれば、それがいかに無謀な方針であるかがたちどころに理解されるだろう。終戦直後の極度の混乱期における議論とはいえ、この時期の委員会にはいささか尋常ではない議論が随所に見られる。

ともあれこうして委員会は、多方面からの要望に検討を加えつつ、具体的な字種選定作業を精力的におこなって、十月十六日に審議を終了した。最終的にとりまとめられた案は、試案とされた「常用漢字表」から九字(也・俸・慾・棉・硯・聯・虁・輯・輿)を削り、新聞・憲法・法令・公用文・教育などの分野から要望があった漢字五六四字を加えた、計一八五〇字からなる表であった。

この新しい「常用漢字表」が文部大臣に答申されたのをうけて、政府は昭和二十一年十一月十六日にそれを「当用漢字表」という名称で、内閣総理大臣吉田茂の名前で「内閣訓令」として官報に掲載した。ここにいう訓令とは「上級官庁が下級官庁の権限の行使につき、これを指揮するために発する命令」であり、「内閣訓令」は内閣総理大臣が政府部内での実施を指示する命令である。これによって内閣の指揮系統に位置する各行政機関は、それ以後この範囲内で漢字を使用しなければならなくなる。

「当用漢字表」の「まえがき」に「この表は、法令・公用文書・新聞・雑誌および一般社会で、使用する漢字の範囲を示したものである」と記されたから、国や地方の役所以外に、新聞業界などでもその範囲内で漢字を使用することが期待された。しかし内閣訓令は法律ではないから、直接に一般国民を拘束したり、強制力をもつものではない。したがって「当用漢字表」は内閣総理大臣の名前で告示されたものであっても、一般国民の私生活とは直接関係がない。それに昭和二十一年という時期では、国民の誰もが焼け跡になんとか住める家を作り、食料を確保することに必死だったから、一般の日本人にとっては、公文書や新聞などの印刷物で使える漢字がこれからどのようになろうが、そんなことに注意をはらっている余裕などまったくなかったにちがいない。

では「当用漢字表」とはいったいどのようなものであったのか、それを考えるためにはまず「まえがき」を見てみよう。

「まえがき」には次のように書かれている（表記は現代式に直した）。

一、この表は、法令・公用文書・新聞・雑誌および一般社会で、使用する漢字の範囲を示したものである。

一、この表は、今日の国民生活の上で、漢字の制限があまり無理がなく行われることをめやすとして選んだものである。

一、固有名詞については、法規上その他に関係するところが大きいので、別に考えることした。

一、簡易字体については、現在慣用されているものの中から採用し、これを本体として、参考のため原字をその下に掲げた。

一、字体と音訓との整理については、調査中である。

続いて「使用上の注意事項」がある。

イ、この表の漢字で書きあらわせないことばは、別のことばにかえるか、または、かな書きにする。
ロ、代名詞・副詞・接続詞・感動詞・助動詞・助詞は、なるべくかな書きにする。
ハ、外国（中華民国を除く）の地名・人名は、かな書きにする。
ただし、「米国」「英米」等の用例は、従来の慣習に従ってもさしつかえない。
ニ、外来語は、かな書きにする。
ホ、動植物の名称は、かな書きにする。
ヘ、あて字は、かな書きにする。
ト、ふりがなは、原則として使わない。
チ、専門用語については、この表を基準として、整理することが望ましい。

漢字表の適用範囲

「まえがき」の冒頭にこの漢字表が適用される範囲が述べられており、最初に国家統治の根幹である「法令」が出てくるのは当然である。法律の最上位に位置するのはもちろん憲法で、「当用漢字表」とほとんど同時期に発布された日本国憲法に使われている漢字は、もちろんすべて「当用漢字表」に入っている。

法令に続いて出てくる「公用文書」とは国や公共団体が出す公式文書のことで、これが漢字使用の対象とされるべきことも、あらためて説明するまでもないだろう。

続いて「新聞・雑誌および一般社会で、使用する漢字の範囲」とある。この「当用漢字表」の後継規格として昭和五十六年に制定された「常用漢字表」ではこの部分に「放送」という項目が入っているのだが、昭和二十一年にはまだテレビ放送がなかったから、「放送」で漢字を使うことはなかった。

漢字の配列について

「当用漢字表」には一八五〇種もの漢字が収められているが、これだけの数の漢字を表に収めるためには、なんらかの原則が必要である。

たとえばたくさんの書物を本箱に収納する場合を考えてみればよい。自分が持っている本が十数冊や数十冊くらいの量なら、文庫本や単行本などというサイズごとに書棚に並べていくという方法がある。棚に並んでいる本の高さがそろっているほうが、見栄えもよいし、手当たり次第に書棚に並べておいても、必要な本はすぐに見つかるだろう。しかしそれが数百冊という量になってくると、一定の分類方法にしたがって配置しておかないと、必要な本がすぐには見つからない。図書館はいうまでもなく、町中の書店でも、さらには個人の蔵書でも、そんな事態が頻繁に起こることを私たちは日常的に経験するものだ。

たくさんの漢字を表や書物のなかに配列するのもそれと同じことで、漢字を並べるためにも一定の原則が必要である。これには何種類かの方法があるが、一番簡単なのは、漢字の読みによって「あいうえお」順に並べる方法である。実際に、あとに述べる「常用漢字表」では、一九四五種の漢字が「代表音訓」によって配列されている。ただし漢字の配列については「常用漢字表」の「表の見方及び使い方」の3に「字種は字音によつて五十音順に並べた。同音の場合はおおむね字画の少ないものを先にした。字音を取り上げていないものは字訓によつた」と記されているだけで、「代表音訓」ということばは使われていない。

ほかにもコンピューターなどで日本語を情報交換するためのコード、いわゆる「JIS漢字規格」では、第一水準の部分に入る漢字がこの方法によって配列されている。

漢字を発音によって並べるというのは、たしかに一般的にはわかりやすい方法だが、しかしこの方法にも難点がないわけではなく、最大の問題は、それぞれの漢字の「代表音訓」が万人にとって同じとはかぎらないという点にある。ほとんどの漢字には音読みと訓読みがあって、同じ漢字でも即座に思い浮かぶ読み方が人によってまちまちである。たとえば「平」という漢字を見て「ヘイ」と読む人もいれば、「たいら」と読む人もいる。「静」を「セイ」と読む人もいれば、「しずか」と読む人もいる。「静脈」では「ジョウ」という音読みが使われている。それなら訓読みを使わず、すべて音読みで並べればいいではないかという意見もあるだろうが、しかしたとえば「平」には「ヘイ」(漢音)と「ビョウ」(呉音)という二種類の音読みがあって、どちらが代表的な読み方かと聞かれても、にわかには判断できないだろう。実際に「常用漢字表」では「セイ」(反省)と「ショウ」(省略)という二つの音読みをもつ「省」が、「セイ」によって配列され、読みの二段目に「ショウ」を掲げている。しかし「省」の読み方は? と聞かれたら、「ショウ」のほうを最初に思いつくという人も世間にはかなり多いのではないだろうか。

これに訓読みが入るとさらにややこしいことになり、「行」には漢音「コウ」(銀行)と呉音「ギョウ」(行商)のほかに唐音《とうおん》と呼ばれる「アン」(行灯)まであるが、一般の人がこの漢字を見て最初に思いつくのは、「いく」という訓読みではないだろうか。このようにいくつかの読み方をもつ漢字では、うちのどれを基準とするかが非常に難しい。

さらに漢字のなかには宮城県名取市にある「閖上《ゆりあげ》」や、和歌山県日高郡印南町にある

「椣川《ほくそがわ》」という地名に使われる「閖」や「椣」のように、一部の地域だけに使われすぐには読めない難しいものもある。さらにきわめて特殊な例だが、「岦」のようにＪＩＳ規格に採用される以前はどんな漢字辞典にも載っていなかった、典拠未詳の「幽霊文字」と呼ばれるものまである（注、笹原宏之氏の研究によれば、これはもともと地名に使われる《山》の下に《女》を配置した文字を作るべく「山」と「女」を切り貼りしてコピーしたときに、紙の継ぎ目が写りこんで字形のなかに《一》が加わったという）。

ちょっと特殊すぎる例をあげたが、このような漢字では発音がすぐには思い浮かばないから、発音順による配列という方法が使えない。それで「閖」や「岦」など「読みがわからない漢字」をいくつか収録しているＪＩＳ規格の第二水準の部分では、漢和辞典の部首による配列を採用している。

さて発音順配列という方法が使えないとなれば、次に思いつくのは漢字を字形の特徴によって並べるという方法で、そこで登場するのが漢和辞典の部首による配列である。部首別配列という方法は漢字の辞典を扱い慣れていない人にはかなり使いにくいものであるが、しかし実はこれが多数の漢字を配列するためにはもっとも合理的な方法であって、「当用漢字表」では一八五〇種類の漢字がこの方法で配列された。

ひとくちに部首別配列といっても実際には何通りかの方法があって、「当用漢字表」で使われたのは、かつての中国や日本で漢字に関してもっとも権威があるとされた『康熙字《こうきじ》典《てん》』における部首順である。

『康熙字典』とは清の康熙帝（在位一六六一―一七二二）の勅命によって編集された、約四万七千字を収める大きな漢字字典で、皇帝の命令で作られたといういきさつから、これまでの中国や日本ではもっとも由緒正しい、正統的な字典とされた。一七一六年の刊行だからいまから三〇〇年ほど前の書物だが、漢字に関する議論ではいまも『康熙字典』にどう書かれているかが議論の論拠になることが多く、かつて私の講義に出ていた情報学研究科の大学院生は、コンピューターで表示される漢字の字形を考えるために三種類もの『康熙字典』を所有していると話していた（それぞれバージョンが異なったもので、いくつかの漢字については字形に非常に微細なちがいがある）。二〇年以上も前の理系の学生ではまったく考えられないことである。

その『康熙字典』では《一》部にはじまり、一七画の《龠《やく》》部（日本ではこの部首名を「やくのふえ」という）で終わる合計二一四種類の部首によって漢字を収めており、これが日本でも中国でも漢字を配列するためのもっとも標準的な部首法とされたから、中国でも日本でも、戦前に編纂された漢字の字典は、この部首法によって漢字を配列するのがもっとも普遍的な方法であった。

戦後まもない時期に作られた「当用漢字表」が、当時の漢字字典でもっとも正統的と認識された方式にのっとって漢字を配列したことは、非常に賢明な処置だったと私は思う。

ただ「当用漢字表」所収の漢字のなかには『康熙字典』などに見えない簡略体もあり、そのうちのいくつかは『康熙字典』式部首法では収まりきらない。「当用漢字表」の漢字配列にはその点に若干の無理があった。

「当用漢字表」の配列

ここで「当用漢字表」に収録されている簡略化字体について、簡単に見ておこう。

かつて相撲界に大分県出身の穐吉定次《あきよしさだじ》という人物がいて、第三五代横綱となった。彼が打ち立てた輝かしい「本場所通算六九連勝」という大記録は、そのあとに登場した大鵬や北の湖、千代の富士などのようにめっぽう強い横綱でも破ることができなかったが、その大記録を打ち立てた横綱の醜名《しこな》は「双葉山」であり、決して「雙葉山」とは書かれなかった。

そのように戦前においても本来の字体ではなく、複雑な構造を簡単にした簡易字体が使われることがあった。そして「当用漢字表」では、その「雙」に対する「双」をはじめとして、「勸」に対する「勧」、「關」に対する「関」など、その時代まで略字や俗字と見なされていながら慣用的に使われていた簡易字体を合計一三一種類収録した。

それらの漢字については、「まえがき」に「簡易字体については、現在慣用されているものの中から採用し、これを本体として、参考のため原字をその下に掲げた」と記されており、実際の表では「乱（亂）」とか、「両（兩）」、「区（區）」、「廃（廢）」、「独（獨）」というように、簡易字体をはじめに掲げ、カッコ内に本来の字体を示すという形で掲出されている。

さてこれら一三一字も前述のように『康熙字典』式部首法で配列されており、その部分だけを取り出すと次のようになる。

乙部　乱（亂）
入部　両（兩）
力部　労（勞）　励（勵）　勧（勸）
厶部　参（參）
囗部　囲（圍）　円（圓）　図（圖）
士部　壱（壹）
宀部　実（實）　写（寫）　宝（寶）
尸部　届（屆）　属（屬）
广部　廃（廢）
心部　悩（惱）　惨（慘）　恋（戀）
手部　択（擇）　担（擔）　拠（據）　挙（擧）　拡（擴）

人部　併（倂）　仮（假）
刀部　剤（劑）
匸部　区（區）
口部　嘱（囑）
土部　堕（墮）　圧（壓）
子部　学（學）
寸部　対（對）
山部　岳（嶽）
彳部　径（徑）

支部　数（數）
曰部　会（會）
欠部　欧（歐）　歓（歡）
歹部　残（殘）
水部　浅（淺）　満（滿）　潜（潛）　沢（澤）　済（濟）　浜（濱）　滝（瀧）　湾（灣）
火部　営（營）　炉（爐）
犬部　独（獨）　猟（獵）　献（獻）
癶部　発（發）
示部　礼（禮）
穴部　窃（竊）
糸部　糸（絲）　経（經）　総（總）　絵（繪）　継（繼）　続（續）
缶部　欠（缺）
聿部　粛（肅）
至部　台（臺）
艸部　茎（莖）　万（萬）
虫部　虫（蟲）　蚕（蠶）　蛮（蠻）
角部　触（觸）
斤部　断（斷）
木部　栄（榮）　楼（樓）　枢（樞）　権（權）
止部　帰（歸）
殳部　殴（毆）
牛部　犠（犧）
田部　画（畫）　当（當）
石部　研（硏）
禾部　称（稱）　穏（穩）
立部　並（竝）
耳部　声（聲）
肉部　脳（腦）　胆（膽）
臼部　旧（舊）
虍部　処（處）　号（號）
見部　覚（覺）　観（觀）

言部　証（證）　訳（譯）　誉（譽）　読（讀）　変（變）
豆部　豊（豐）
貝部　弐（貳）　賛（贊）
車部　軽（輕）
辵部　逓（遞）　遅（遲）　辺（邊）
釆部　釈（釋）
門部　関（關）
隹部　双（雙）
食部　余（餘）
骨部　髄（髓）　体（體）
麥部　麦（麥）
齊部　斎（齋）
豕部　予（豫）
足部　践（踐）
辛部　弁（辨瓣辯）　辞（辭）
酉部　医（醫）
金部　銭（錢）　鉄（鐵）　鉱（鑛）
阜部　随（隨）　隠（隱）
雨部　霊（靈）
馬部　駆（驅）　駅（驛）
鹵部　塩（鹽）
黑部　点（點）　党（黨）
齒部　歯（齒）　齢（齡）

これらのなかには「獨」から「独」へ、あるいは「腦」から「脳」、「證」から「証」、「錢」から「銭」への変更のように、もとの形を簡略化しても当該字が所属する部首は変わらないというケースが圧倒的に多い。このような漢字では、簡易字体を原字が属する部首に配属しても、画数が変わるだけでほかに問題は起こらない。しかしなかには簡略化した結果、原字が所属する部首には収まりそうもない簡易字体もかなりあるのだ。

たとえば「当用漢字表」では、かつて「點」と書いていた漢字が「点」、かつて「黨」と書いていた漢字が「党」という形で示されている。「点」は中国でも早くから「點」の俗字として使われていて、明時代の刊本からすでに見える。おそらく「點」の右半分にある《占》と左下の《灬》（レンガ）を組みあわせて「点」という形にしたのであろう。

いっぽう「黨」と「党」はもともと別字で、「党」は中国人の姓に使うか、また「党項《タングート》」（中国西北部に居住したチベット系民族）という民族の名前に使われる漢字だった。ところが「黨」と「党」がもともと同じ発音であり、「黨」が画数が多くて難しい漢字だったから、いつの間にか「黨」の当て字として「党」が使われるようになった。元時代の刊本には「党」が民族名ではなく「黨」の意味で使われた例が見える。

日本でも「点」や「党」という字形が古くから使われているから、ここで「当用漢字表」が「点」や「党」という簡易字体を採用したことの是非を問うつもりはない。しかし「點」ではなく「点」という形を、「黨」ではなく「党」という形を表に掲げるのなら、その二字を《黑》部に帰属させるのは正しくない。もちろん「點」と「黨」は『康煕字典』では《黑》部所属の文字であるが、「点」や「党」の形を採用した段階で、その帰属部首をあらためて考え直すべきだっただろう。「点」は「無」などと同じように、見かけ上の形から《火》部に帰属させるべきだっただろうし、「党」は《儿》部に入れるべきだっただろう（実際に『康熙字典』では「党」は《儿》部に入っている）。

ほかにも「号」（「號」）や「処」（「處」）を《虍》部に置き、「旧」（「舊」）を《臼》部に置き、「医」（「醫」）を《酉》部に置き、「双」（「雙」）を《隹》部に置き、「塩」（「鹽」）を《鹵》部に置くなど、帰属部首の不適合を指摘できる簡易字体はたくさんあるが、煩瑣になるのを避けるために、ここでは詳述しないこととする。そのほか、国字の「匁」「畑」なども『康熙字典』には掲載されておらず、帰属部首に問題がある。

「当用漢字表」という名称

ところで戦後すぐにはじめられた「標準漢字表」の改定作業の結果として作られた案は、「常用漢字表」という名称だった。議事録を見ても、「漢字に関する主査委員会」のほとんどの会議において「常用漢字表」という名称で議論されている。それが昭和二十一年に文部大臣に答申されたときには「当用漢字表」という名称に変わっていたのだが、この名称変更には「漢字に関する主査委員会」の委員長であった山本有三の意見が強く反映されたようだ。

昭和二十一年八月二十四日に開かれた第一四回「漢字に関する主査委員会」の議事録に、「標準漢字表に基く漢字の再審議を終る。なお、委員長から、新しくできる漢字表の標題について『当用漢字表』としてはどうかとの意見がのべられた。その意味は日用の使用にあてるとのことである。この問題については種々意見が出たが、賛否未決定」とある。この委員長とは山本有三を指している。

「当用漢字表」という名称が正式に決まったのは同年十月一日に開かれた第二〇回委員会においてであり、その議事録に「漢字表の名は『当用漢字表』とする。なお、この当用漢字表は、社会情勢に応じて数年ごとに修正し、将来は別に作る教育漢字表の線にまで近づけたいと、委員長からの希望が述べられた」と書かれている。

作家としても著名な山本有三はもともと国語への関心が非常に強く、戦時中から国立の国語研究機関が必要であることを一貫して主張してきた。その熱心さは昭和二十年十二月に東京都三鷹町（現三鷹市）の自宅に国語研究所を開くほどであり、その建物はのちに国立国語研究所三鷹分室とされたこともある（現在は三鷹市山本有三記念館）。

山本は国立の国語研究所設置を目指して昭和二十二年に参議院議員に立候補し、当選した。彼の努力はのちの「国立国語研究所」設立（昭和二十三年十二月）に結実するのだが、「当用漢字表」という名称も、委員会の議事録によれば、「日用の使用に当てる」という意味で、山本が命名したようである。

「当用」ということば

ただ私自身はこの名称にどうにも釈然としないものを感じる。というのは、中国語学・

中国文学科を卒業した私には、「当用」という二文字が漢文・中国語式に「まさに用いるべし」という意味でしか読めないからである。

いまではほとんど読まれなくなったが、岩波書店から『漢文入門』（小川環樹・西田太一郎著　一九五七）という名著が刊行されている（岩波全書というシリーズに含まれ、現在は新装版が出ているようだ）。この書物は叙述がいささか専門的で、引用される漢文も原文と訓読文だけで、現代語訳がついていない点などが若い世代にはなじめないようだが、私たちの世代で中国の古典文献を読もうとする者にとっては、バイブルと言ってもいいほど必読の名著であった。

個人的な話で恐縮だが、著者の両先生は私にとって恩師にあたる方で、西田先生は京都大学の全学部一・二年生が在籍する教養課程で、「東洋社会思想史」という講義を担当しておられた。中国哲学の権威で、また漢文の語法研究に関しても第一人者であった高名な先生ではあったが、講義での話はまことにおもしろく、しばしば脱線されて、ご自身の著書に関する裏話を親しみやすい口調で話された。うちの一つとして、「文学部の小川さんと岩波から『漢文入門』という本を出しましたが、これは難しすぎてほとんど売れませんでした。いつか書き直す必要があると思っています」と話されたことをいまも鮮明に覚えている。

だが西田先生は昭和五十七年に他界され、もう一人の著者である小川先生も平成五年に逝去された。両先生が他界されてもうずいぶんの時間が経った。西田先生が講義のおりに話された『漢文入門』改訂がもし実現していたら、私などはまっさきに学生に対する必読文献に指定するのだが、いまはそれもかなわぬことである。

閑話休題、その『漢文入門』では「当」（當）という字について『漢書《かんじょ》』高帝紀に見える「吾當王關中」（吾、當に關中に王たるべし）という文を引き、その解説に、「『當』は動詞の上に在って動詞を補語とする助動詞的な助辞である。（中略）『當』は『マサニ……スベシ』と訓読し、『当然すべきだ』『するのが当然だ』『当然……にちがいない』という意味である」と書かれている。

この解説にしたがえば、下に「用」という動詞をともなっている「当用」は、「まさに用いるべき」と訓読されなければならない。したがって「当用漢字」とは「まさに用いるべき漢字」＝「使うべき漢字」という意味にしか読めないはずである。

実際に私は「当用漢字」という名称を長い間そのように理解しており、その解釈をまったく疑わなかった。しかしあるとき国語学関係者と話していて、「当用漢字とは当面のあいだ用いる漢字」という意味だと聞かされて愕然とした。銀行の「当座預金」じゃあるまいし、そんな使い方があるものかと反論したが、私の理解はまったく相手にされず、世間一般の理解も「当用漢字」＝「当面のあいだ使用する漢字」というものだった。

ところが今回、終戦直後の国語政策に関する議事録を調べてみて、それが山本有三による「日用の使用に当てる漢字」という意味での命名であることを知り、あらためて不思議な感覚にとらわれた。「日用の使用に当てる」ことを「当用」と表現することも、漢文の語法ではありえないのだが、その時代には「旧時代の文化の残滓」である漢文に関する知識などまったく相手にされなかった、ということなのだろう。

それでも、と私は食いさがりたい。漢字はもともと中国で生まれた文字であり、日本に伝来してからも一千年以上の歴史を有する、世界的に見ても指折りの長い歴史を持つ文字体系である。そしてエジプトやメソポタミアの古代文字がいまでは「死文字」となっているのに対して、漢字は古代から現在までの数千年間にわたって使われつづけ、いまも東アジアの広い範囲で多くの人が使いつづけている。したがって漢字を巡る議論には、当面の現代的な視野だけでなく、かつての中国や日本での伝統的な文字文化のあり方と研究体系を踏まえる必要があることはいうまでもなかろう。だが「当用漢字」という命名には、過去の漢字文化に対する研究や分析がなく、ほとんど視野にすらいれていないといっても過言ではない。「国語問題」に非常に興味があったという山本有三がとらえていた「漢字」は、それから先の日本だけに限定される、実用本位ではあるものの、相当に皮相的なものではなかったか。そういえば彼の尽力で設立されたという国立国語研究所は、日本各地の方言に関して全国八〇七地点で二六七項目について、土地生え抜きの高年齢の男性に直接面接して調査した『方言文法全国地図』とか、明治から現代にいたる日本語の全貌を把握するため書きことばや話しことばに関する膨大な資料を体系的に収集した「KOTONO-HA」などの優れた業績をあげ、これまで国内外の言語学界から高い評価をうけてきた。私とてそれを評価するにやぶさかでないが、しかしそこで漢字の伝統的な学術面に関する研究や調査がほとんどおこなわれてこなかったことについては、心から残念に思う。そのことを裏付けるように、同研究所のホームページに掲げられている研究課題には、いまも漢字そのものを対象とする研究がまったく含まれていない。

ルビの廃止も山本有三の方針

憎まれ口はこれくらいにして、「当用漢字表」から派生するいくつかの問題をここであらためて考えてみよう。

同表の「使用上の注意事項」の最初に、「この表の漢字で書きあらわせないことばは、別のことばにかえるか、または、かな書きにする」という条項があり、さらに最後から二番目に「ふりがなは、原則として使わない」という条項がある。この二つをそのまま受け取れば、「法令・公用文書・新聞・雑誌」などではこの表に入っていない漢字を使ってはいけないし、ルビをつけて使うことも許されない、というわけだ。

このルビ廃止の方針も、山本有三が強く主張したもののようである。

山本有三は漢字にルビをつけることに一貫して反対の立場を取っていた。そのことにつ

いて山本は、昭和十三年に書いた「国語に対する一つの意見」（『戦争と二人の婦人』あとがき）のなかで、

> 国民が守らなければならない法律の条文には、ふりがながありません。学者の書く論文にもありません。しかし、こういう文章は、残念ながら多くの国民には読めません。（中略）
>
> いったい、立派な文明国でありながら、その国のもじを使って書いた文章が、そのままではその国民の大多数のものには読むことができないで、いったん書いた文章の横に、もう一つべつのもじを並べて書かなければならないということは、国語として名誉のことでしょうか。（中略）文章にルビをつけるとか、つけないとかいうことは、だれでもなんでもないことのように思っていますが、こうして考えてゆくと、それは一国の国語としての尊厳にも関係することですし、文体の革新というような問題にも大きな関係を持っていることです。（『定本版　山本有三全集　第十一巻』新潮社　一九七七）

と述べている。

強いられた「書き換え」

長い伝統をもつ日本語のなかには、かつて中国の文献や仏教経典から流入した語彙を中心に、漢字で書かれる単語が大量に存在し、それらを書くためにはたくさんの漢字が必要である。しかしこれまで漢字で書いていたことばでも、表に入っていない漢字は使えず、それにルビを振ることも認められない。とすれば、方法は二つしかない。「使用上の注意事項」に書かれているように、「別のことばにかえるか、または、かな書きにする」という方法だ。

「別のことばにかえる」とは、表に入っていないという理由で使えない漢字を、その漢字と同じ（あるいはよく似た）意味の、あるいは単なる同音の、表に入っている別の漢字に置き換えて書く、というやり方である。

実例をあげよう。そのころ公務員が権限を利用して他者に便宜をはかり、その代償として金品などを受け取る行為を「瀆職《とくしょく》」といったが、「瀆」が「当用漢字表」に入らなかった（後年の「常用漢字表」にも入っていない）ので、それを「汚職」と言い換えるようになった。厳密にいえば「瀆」と「汚」とは意味がちがう漢字だが、どちらにも「けがす」という訓があるから、「瀆」の代わりに「汚」が使われたというわけだ。いまでは「瀆職」ということば自体が死語になっているので、これは言い換え表現が社会に完全に定着した例であるといえる。

同じようにいまでは社会にすっかり定着した有名な例に、「推理小説」がある。

「当用漢字表」に「偵」という漢字が入らなかったので、それまで使われていた「探偵小説」という表記が使えなくなった。それで「探偵小説」の言い換えとして「推理小説」ということばが作られた。これは漢字の書き換えではなく、ことばそのものを作りかえた例で、漢字の書き換えよりもこのほうがよほどわかりやすい。

なお「当用漢字表」の後継規格として作られた「常用漢字表」には「偵」が入ったので、いまは「探偵小説」と書くことも可能になっているが、「推理小説」という言い方がすっかり定着したので、逆に「探偵小説」の方がマイナーな言い方になっている。しかし厳密にいえば、子供から大人まで幅広い読者層の支持を受け、戦前に一世を風靡した江戸川乱歩が描く名探偵明智小五郎と小林少年たちが怪人二十面相を相手に活躍する物語は、やはり探偵小説であって推理小説ではない、という感じが私にはどうにも抜けきれない。

なじめない書き換え語

「当用漢字表」に採録されなかった漢字をどのように書き換えるかの目安については、国語審議会が昭和三十一年七月に発表した「同音の漢字による書きかえ」という報告がある。「当用漢字表」が制定されてから一〇年たった段階で発表されたものだが、現実の社会でさまざまな書き換えによる混乱が起こっており、それを是正するために作成されたものであった。これは単に国語審議会による「報告」にすぎず、大臣に答申したものでもないし、まして内閣が告示訓令したものではないから、公的にはなんの規制力ももたない。しかし高名な学者や評論家などで構成され、国が施行する国語政策に大きな影響力をもつ国語審議会が作った文書だから、その報告もそれなりの権威をもって社会に登場した。

それを見ると、註釈→注釈、保姆→保母、骨骼→骨格、颱風→台風など、いまでは書き換え字による表記がすっかり定着しているものがたくさんある。それはなるべくわかりやすい表記を普及させようとした努力の結果として、大いに評価したい。しかしなかにはどう考えてもやはりなじめない、漢字本来の意味を大きく歪曲した書き方がいくつかあることも事実である。

たとえば「臆説」を「憶説」と書くことに、違和感を感じるのは私だけだろうか。「臆」(おしはかる)と「憶」(おぼえる)はあきらかに別字であって、意味が重なる部分もない。それを単にツクリが同じである、あるいは同音であるという理由によって「臆説」を「憶説」と書けと言われたら、私は大いに反発を覚える。字形がよく似ている、あるいは同じ発音だというのなら、「臆説」を「億説」、「臆測」を「億測」と書いてもかまわないことになるが、そんなことを良識ある日本人が許容するだろうか。

私が書く文章は「法令・公用文書・新聞・雑誌」にかかわらないから、どのように書こうがまったく私の自由である。だから私は手書きであろうがパソコンであろうが、かならず「臆説」とか「臆測」と書くことにしている。そして新聞や雑誌で「憶病者」とか「憶測」という書き方をみれば、私は個人的にはやはりそれを誤字と考える。同じような例はほかにもあって、「徽章」を「記章」、「肝腎」を「肝心」、「日蝕」を「日食」と書くことなどに対してはどうにも違和感を禁じえない。

古希と古稀

「同音の漢字による書きかえ」では「当用漢字表」に入らなかった「稀」が同音の「希」で置き換えられることとなっていて、「稀少」は「希少」、「稀代」は「希代」と書くようにと提案されている。化学で使う学術用語である「稀釈」も「希釈」とされていて、実際に私たちは学校の授業で「希塩酸」とか「希硫酸」という表記を習ったが、それももともとは「稀塩酸」「稀硫酸」と書かれていたものの書き換えである。

「希塩酸」という書き方は数十年間の学校の教育を通じて、社会にほぼ定着しているので、その書き方にクレームをつけるつもりはない。しかし「古稀」を「古希」と書けといわれたら、私は「ちょっと待て！」といいたくなる。

人が七十歳になったお祝いを、正しくは「古稀」という。いまの長寿社会では七十歳の人物などどこにでもいるし、元気な七十歳の人をうっかり老人扱いすれば叱られることもあるくらいだが、かつては七十まで生きれば長寿と考えられていた。それで「古稀」ということばができた。

「古稀」は中国の詩人杜甫《とほ》が詠んだ「曲江《きょつこう》」という詩に「人生七十古来稀（人生まれて七十なるは古来稀《まれ》なり）」とあるのが出典で、原文は「古稀」と書かれている。しかしその「稀」が「当用漢字表」に入らなかったので、「法令・公用文書・新聞・雑誌」ではその字が使えない。それで「稀」とは本来ちがう漢字だが発音は同じである「希」を使って、「古希」と書くようになった、というわけだ。

「稀」は「まれである」という意味の漢字だから、杜甫の詩は「人が七十歳まで生きるのは昔から珍しいことだ」と解釈される。そんなことはちょっと漢字の勉強をした者ならすぐにわかることだ。しかしその詩に基づく「古稀」を「古希」と書き換えれば、いったいどうなるか？　もし杜甫の詩の原文が「人生七十古来希」となっていたなら、それは「七十歳になることが昔からの望みだった」という意味となり、そこからできる「古希」ということばの意味は、現在のものとはちがっていたはずである。

わかりにくい「交ぜ書き」

「当用漢字表」に入らなかった漢字については、右のように別の漢字で書き換えるという方法があったが、それ以外にもうひとつ、使えない漢字の部分を仮名で書くという方法もあった。これを「交ぜ書き」という。

この方式はいまでも新聞や役所から配布される文書などで使われていて、よく見かける例には「はく奪」や「ほう助」「石けん」「混とん」「ばい菌」「う回」「軽べつ」など、その例は枚挙にいとまがない。平成二十二年の春から夏にかけて、宮崎県を中心に「口蹄疫」という家畜の伝染病が猛威をふるったが、そのときに注意深くテレビや新聞を見ていれば、その疫病がときに「口てい疫」と書かれていたことに気づいたにちがいない。これは「蹄」が表外字なので、「交ぜ書き」された結果である。

これらはいずれも、漢字をちょっと度忘れしてしまったのでひとまず仮名で書いておいた、というものではない。本来使われていた漢字が「当用漢字表」（あるいは「常用漢字表」）に入らなかったからその部分を平仮名で書いているのであって、国語政策からいえば、それがむしろ望ましい書き方と認識されてきたのである。

しかし国語政策がどのようにあろうと、一般の社会には交ぜ書きはわかりにくい、あるいはなんとなく間が抜けた、幼稚な書き方でみっともないと考える人が多く、概して評判が悪い。たしかに「一世を風びした音楽」とか「三時からお茶のけい古」、「損失補てんに喝さい」、あるいは「界わいの山ろくで、は虫類の化石が見つかった」というような文章は、決してわかりやすいものではないだろう。しかし「当用漢字表」の「使用上の注意事項」による限り、これが「正規の書き方」になるわけで、「法令・公用文書・新聞・雑誌」など社会的に権威があると意識される重要な文書でも、その方式が使われた。

あまりに性急な作成

昭和二十一年制定の「当用漢字表」の「まえがき」には、「あまり無理がなく」という限定つきではあるものの、この表が「漢字を制限する」目的をもつものであることが明確に述べられている。そもそも戦前から漢字制限・廃止論を主張する人々がいたことはすでに述べた。そして戦後いち早く制定された「当用漢字表」は、その漢字制限の路線に沿ったものであり、文言としてははっきりと明言されていないが、あきらかに漢字全廃に向かう過渡期での規格という性格をもつものであった。

だがこの規格の制定は、まことに急であった。自分たちの国語を書き表すための文字に関する取り決めは、国民全体の文化と生活にかかわるきわめて重要な問題である。それは決して政府内の一部局で、少数の有識者や研究者たちが集まって、国民からの意見も聞かずにシャンシャンと決めるというようなものではないはずだ。しかし「当用漢字表」は文部大臣の諮問をうけた国語審議会が、戦時下に作成された「標準漢字表」に入っている漢字をもとにまとめて答申したものを、一度すら民間の討議に付すこともなく、そのままですぐに内閣から告示したものであった。さらにその規格は、将来において日本語の表記から漢字を排除するという事態まで視野にいれていたにもかかわらず、そんな重大なことについて、政府でも民間でもほとんど議論がおこなわれずじまいだった。戦後の混乱期で、GHQによる統治下であったという事情を考慮するとしても、それでもやはりあまりにも性急であったといわなければならないだろう。

1-3 それからの当用漢字表——「別表」と「音訓表」

昭和二十一年に制定された「当用漢字表」は、「今日の国民生活の上で、漢字の制限があまり無理がなく行われることをめやすとして」（まえがき）、一八五〇種類の漢字を選んだものだが、それは単に使える漢字を一覧表にしただけで、それぞれの漢字をどのように読んだり、あるいはどのような形で印刷したりするかについては、まったくなんの基準も示していなかった。そのことについては、「まえがき」に「字体と音訓との整理については、調査中である」と記されている通りである。

しかし漢字制限の方針は緊急を要する課題としてGHQから勧告されていたことなので、政府もいつまでも先送りにするわけにはいかず、音訓と字体の選定など留保された事項についても作業が迅速に進められ、ほどなくいくつかの表が作られた。具体的には、義務教育で教える漢字を定めた「当用漢字別表」と、それぞれの漢字をどのように読むかについて定めた「当用漢字音訓表」と、それぞれの漢字をどのような字体で印刷するかを示した「当用漢字字体表」である。以下に順を追ってみていこう。

当用漢字別表

「当用漢字表」が内閣から告示される一ヶ月前の昭和二十一年十月、国語審議会のなかに「義務教育用漢字主査委員会」が設置された。国語学者の安藤正次が委員長となり、委員には国語問題に熱心に取りくんだ山本有三や歌人の土岐善麿《ときぜんまろ》、カナモジ主義者で漢字制限を強く主張した松坂忠則《まつさかただのり》、あるいはのちに国立国語研究所の初代所長となった西尾実などが参加した。

この委員会もまた、驚くべきハイペースで進められた。第一回が開かれたのは昭和二十一年十月だが、それから一年も経っていない昭和二十二年八月まで、実に三三回も開かれた。年末年始の時期をのぞけば、ほとんど毎週のように開催されたことになる。

この委員会では、これからの義務教育で教える漢字をどのように選ぶかについて検討された。具体的には、はるか昔の明治三十三年八月に改正された「小学校令」に「尋常小学校ニ於テ教授ニ用フル漢字ハ成ルヘク第三号表ニ掲クル文字ノ範囲内ニ於テ之ヲ選フヘシ」と見える「第三号表」(合計一二〇〇字)や、昭和十七年の「標準漢字表」、あるいはカナモジカイが試案として発表した五〇〇字案、さらには個人による研究発表成果など、多種多様の資料を参照しながら議論をおこない、最終的に八八一字からなる「当用漢字別表」をまとめて、二十二年九月の国語審議会総会に報告した。

この総会における、安藤委員長による教育用漢字選定の経過報告と説明が文化庁のホームページに掲載されているが、そこには当時の国語政策や学校教育の面で漢字をどのようにとらえていたかが明確に示されていて、まことに興味深い。

安藤はいう。

本委員が付託をうけましたのは、さきに定められました当用漢字のうちから、特に基本的のものと認められるある数の漢字を選び、義務教育期間において教えられるべき漢字の範囲を明らかにすることでございました（中略）。当用漢字は、一般社会で使う漢字の範囲をしめしたものであります、が一八五〇字は義務教育期間内にそのすべてを教えるには多きにすぎるのであります。当用漢字の将来における整理は、すでにその当初から約束されてはおりますが、その実現は急速には行われ得ません。義務教育本来のたて前から申せば、義務教育期間内において、つぎの世代の一般国民が社会人として文字生活を営むに不自由のない程度の教養を授けなければなりませんので、したがって国民常用の漢字と義務教育期間に教えられるものとの合致は、理想として望ましいことでありますが、上述の事情によりましてそれが現実において不可能であるといたしますれば、当分の間は別に適切可能の対策をたてて義務教育の本旨にそうほかはないのであります。その応急の処置として考えられますことは、当用漢字のうちからこれだけの漢字はぜひ義務教育期間において教えこんでおかなければならないと認められるものをえらび、こ

れを中心として学習者の文字能力につちかい、その文字常識を養って他日の大成にみちびいておくということであります。（後略）

ここで安藤がいう「当用漢字の将来における整理」とは「当用漢字表」から漢字をさらに削除して、漢字制限の方向をよりいっそう強化しようとする方針にほかならず、安藤の発言を要約すると、以下の四点にまとめられる。

1　当用漢字表に含まれる一八五〇字は、義務教育期間内にすべてを教えるには多すぎる。

2　当用漢字は将来において「整理」されることが約束されているが、それにはまだ当分時間がかかる。

3　国民常用の漢字（字数を少なくした将来の「当用漢字表」）と義務教育期間に教えられる漢字が一致することが望ましいが、当面は不可能である。

4　そのため応急処置として、当用漢字のうちから義務教育期間に教える必要がある漢字を選び出さなければならない。

このような認識に基づいて委員会は「当用漢字表」に検討を加え、

1　日常の社会生活に直接の関係があり、国民に親しみの深いもの

2　熟語構成の力が強く、それが広い範囲に及んでいるもの
3　広く世に行われている熟語の構成成分で、対照的意義を表すもの
という基準のもとに、合計八八一字を選んだ。

この表ははじめ「国民漢字」という名称で議論されていたが、それは「国民学校」で教えられる漢字という意味であったと思われる。「国民学校」は戦中期の初等教育機関の名称で、昭和十六年の「国民学校令」によって、それまでの尋常小学校（六年）を国民学校初等科に、同じく高等小学校（二年）を国民学校高等科としたものである。「義務教育用漢字主査委員会」がはじめて会議を開いた昭和二十一年十月はまだ「国民学校」の時代だったので、義務教育用の漢字を「国民漢字」と呼んだのだが、翌二十二年四月から施行された「学校教育法」によって、国民学校初等科が小学校、国民学校高等科が中学校の一部となった。それで二十二年七月に開かれた委員会では、「国民漢字」から「教育漢字表」と名称が変更されている。

この「教育漢字表」が「当用漢字別表」という名前で文部大臣に答申され、それが二十三年二月に内閣訓令として告示された。

「当用漢字別表」は「当用漢字表の中で、義務教育の期間に、読み書きともにできるように指導すべき漢字の範囲を、次の表のように定める」として、八八一種類の漢字を掲げている。ちなみにこの「当用漢字別表」も「当用漢字表」に準じて、収録される漢字を『康

熙字典』の部首順に配列しているが、こちらについても「当用漢字表」と同じく、いくつかの漢字については略体を採用したために、部首と字形があわなくなるという現象が発生した。たとえば「営」は《火》部に、「当」は《田》部に、「旧」は《臼》部に配置され、そのあとに「營」・「當」・「舊」という旧字体がカッコの中に入れられた形で加えられている。「当用漢字表」のなかから教育用漢字を選び、現代的にいえば「カットアンドペースト」して作った表だからそれは当然なのだが、しかしこれは義務教育での漢字学習に関する規定であるだけに、字形と部首が一致しないのはいささか始末が悪い。「トウバン」をこれからは「当番」と書き、「キュウショウガツ」を「旧正月」と書くのだと教える現場の先生たちが、「当用漢字別表」の中から「当」や「旧」を探し出すのは、いささか困難であったにちがいない。

「当用漢字別表」は「義務教育の期間に、読み書きともにできるように指導することが必要であると認めたものである」ことから、また「教育漢字」とも呼ばれるようになった。そして約十年の年月をへて、この「当用漢字別表」が昭和三十三年改正の『小学校学習指導要領』において「学年別漢字配当表」として取りこまれた。この段階で小学校六年間を通じて、この八八一種の漢字が正しく読み書きできるようになることが漢字教育の目標となった。

だが社会のゆるやかな変化とともに、学校で教えられる漢字はその後増える一方となり、昭和四十三年には表の備考欄に一一五字が追加された（これを「備考漢字」と呼ぶ）。この段階では備考漢字は正式な教育漢字と認定されていなかったが、それが昭和五十二年の学習指導要領改訂で正式に教育漢字に含まれ、同時にそれぞれの漢字を配当する学年が大幅に変更されて、教育漢字が合計九九六字となった。それが平成元年の改訂で一〇〇六字に増えて、さらに平成二十九年に都道府県名に使われる漢字を追加して、一〇二六字となった。

当用漢字音訓表

その「当用漢字別表」と同じ日に、「当用漢字音訓表」が内閣から告示された。これは「当用漢字表」に収められる漢字の読み方を定めた表である。あらためて述べるのも妙な話だが、昭和二十一年に告示された「当用漢字表」には、それぞれの漢字の読み方がまったく示されていなかったのである。

漢字には字形と字音と字義があって、これを漢字の三要素という。中国から伝わった漢字には必ず音読みがあり、そのなかにはたとえば「貿」や「茶」、「恩」、「詩」、「税」、「脈」のように訓読みがなく、音読みだけで使われる漢字もある。ちなみに「菊」をキクと読むのは音読みであり、「菊」にも訓読みがない。いっぽうそれとは逆に「榊」とか「畑」、「峠」、「裃」、「鰯」、「毟」のように日本で作られた「国字」（和製漢字）には、「働」

や「塀」など一部の文字をのぞいて音読みがない。

音読みには漢音と呉音、それに唐音や慣用音と呼ばれる種類がある。たとえば「解」は「解釈」や「図解」では漢音カイ、「解毒」や「解熱」では呉音ゲで読み、それと別に「とく」や「わかる」という訓読みがある。「正」という漢字は「正義」や「正当」では漢音セイで、「正月」や「正午」では呉音ショウで読み、さらにそれ以外に、「ただしい」とか「まさ」という訓読みがあることは、いまさらいうまでもないだろう。

ちなみに音読みのうち、漢音と呉音の区別は、もととなった中国での発音の時代と地域の差によるもので、それ以外に平安・鎌倉時代から江戸時代までの長い日中交流の中で入ってきた漢字音もあり、それを「唐音」(あるいは「唐宋音」)と呼ぶ。「行」を「行灯」や「行脚」、「行宮」などで「アン」と読むのは、その唐音である。

前にも述べたように、「当用漢字表」は「国民生活の上で、漢字の制限があまり無理がなく行われることをめやすとして」(まえがき)、一八五〇種類の漢字を選んだものだが、単に字種の一覧表として使える漢字の範囲を示すだけでは、それぞれの漢字をどのような読みで使えばいいのかがわからない。

漢字では規範とされる音と訓が定まっていなければ、実際の運用でさまざまな問題がおこる。たとえば「総」は「総説」とか「総合」のように、一般には音読み「ソウ」で使われる漢字だが、それに「すべて」という訓読みを認めて、「すべて」を「総て」と書くことを認めるかどうかは、個人によってさまざまな見解があるだろう。あるいは「創」を「創造」とか「創作」のように音読み「ソウ」で使うことは一般的だが、それに「つくる」という訓をあたえて「創る」という書き方を認めるど、「作る」と「創る」、それに「造る」との使い分けが難しくなる。

「当用漢字表」では、それぞれの漢字をどのように読むか、あるいはどのように読み方を制限するかについてまったく触れられていなかった。それについて国語審議会は「まえがき」に「音訓との整理については、調査中である」と述べて、問題を先送りにしていたのである。

だが選ばれた一八五〇の漢字について、どの読みを採用し、どの読みを採用しないかを決めることは、とくに学校教育との関連において、早急に解決を要する問題であった。それで国語審議会のなかに「当用漢字音訓整理主査委員会」が組織され、この問題にあたることとなった。この委員会もまた昭和二十一年十二月二十四日から二十二年九月四日までの約九ヶ月間に、実に二九回開催という驚くべきハイペースで進められた。委員長には山本有三が就任し、教育漢字を選定する委員会で委員長を務めた安藤正次も委員として参加している。この時期に設置された漢字関係の委員会では同じ人物がいくつかの委員会に参加しており、しかもそれぞれの委員会が驚くべきペースで開催されているのだから、委員を務めた人々の苦労はさぞかし大変なものだっただろう。

それはさておき、終戦後すぐに設けられた「漢字に関する主査委員会」は、昭和二十一年六月十一日開催の第二回委員会で、GHQからの要請や教科書編修の都合もあるので、新しい漢字表（のちの「当用漢字表」）の作成を七月いっぱいまでと目標を定めたが、その同じ会議における決定事項の一つに、「音訓整理のだいたいの方針は、一字につき一音一訓主義とする」というものがある。つまり一つの漢字には一種類の音読みと一種類の訓読みしか認めないという方針である。しかしこれはちょっと考えればわかるように、絶対に不可能なことである。たとえば「文」の音読みをブンかモンかどちらか一つだけ採用するのなら、「文学」か「文様」のどちらかが漢字では書けなくなる。「重」にジュウかチョウどちらかの字音しか認めないのなら、「重量」か「貴重」のどちらかが書けなくなる。もちろんこの方針を貫徹することは現実問題としてまったく不可能であり、一字一音一訓の方針はほどなく撤回された。

ともあれ「当用漢字音訓整理主査委員会」は精力的に会議を開いて音訓の整理をおこない、一八五〇字のうち三〇字を訓だけに使われるもの、八四四の漢字を音専用、九七六字を音訓両用とした「当用漢字音訓表」を作成し、審議会からの答申として二十三年二月十六日に「当用漢字別表」と同時に内閣から告示された。

その「まえがき」には次のようにある。

一　この表は、当用漢字表の各字について、字音と字訓との整理を行い、今後使用する音訓を示したものである。

一　この表の字音は、漢音・呉音・唐音および慣用音の区別にかかわりなく、現代の社会にひろく使われているものの中から採用した。

一　この表の字訓は、やはり現代の社会にひろく行われているものの中から採用したが、異字同訓はつとめて整理した。

一　音訓の掲げ方は、まず字音をかたかなで、つぎに字訓をひらがなで示した。なお、限られたことばにのみ用いられるものには、傍線をつけておいた。

実際の読み方を示す本表では、「当用漢字表」と同じく『康熙字典』の部首順に配列されたそれぞれの漢字について、音読みはカタカナで、訓読みはひらがなで示されている。その詳細な問題点を検討する余裕はここにはないが、いまざっと通観すると、「帝」は「テイ」だけで「みかど」がなく、「懐」は「カイ」だけで「ふところ」がなく、「球」は「キュウ」だけで「たま」がない。採用された音訓を見ていくと、なるべく訓読みの採用を控えようとする傾向があるように見受けられる。なおこの表ではのちの「当用漢字改定音訓表」（昭和四十八年六月）や「常用漢字表」（昭和五十六年）の「付表」に見える「熟字訓」（漢字単位ではなく熟字単位で訓を当てたもの、明日＝あす、大人＝おとな、五月晴れ＝さつきばれ、というようなもの）はまったく掲げられていない。

1－4「当用漢字字体表」の制定

何度も引用するが、「当用漢字表」の「まえがき」には「字体と音訓との整理については、調査中である」と書かれていた。すなわち昭和二十一年に「当用漢字表」を作ったときには字種（漢字の種類）を選ぶことだけに主眼がおかれており、それぞれの漢字をどう読むか、またそれぞれの漢字をどのような形で印刷するかについてはなに一つ決められていなかった。

それで漢字の読み方について「当用漢字音訓表」が作られたわけだが、それと同時に、表に入っている漢字をそれぞれどのような形で印刷するかについても、早急に決める必要があった。とくに「当用漢字表」が官報に掲げられたときには、「國」や「團」、「彈」、「眞」、「澁」などの伝統的な字体と、「恋」、「断」、「会」、「数」、「営」などそれまで俗字とか略字と呼ばれていた簡略体が混在していた。しかし「國」には別に「国」や「圀」、「眞」にはまた「真」という字体があるし、「恋」や「会」は戦前の書物では「戀」や「會」と書かれるのが一般的だった。

同じ漢字なのにいくつかの書き方がある場合には、いったいどの形を使えばいいのか、そのことが決まっていないと、とくに教科書編修などでは大きな混乱につながる危険があるのだが、しかし「当用漢字表」ではその基準が部分的にしか示されていなかった。それで一日も早く、同一字種に存在する異体字群のなかから一つだけ字体を選んで、それを規範とする必要があった。この目的のために作られたのが、「当用漢字字体表」である。

なぜ異体字ができるのか

漢字を使うかぎり、いつの時代においても異体字と無縁ではありえない。現代の私たちだって少し前の時代の記録を見れば、「略」や「峰」、「群」という漢字が「畧」、「峯」、「羣」と書かれているのをしばしば目にするものである。このように漢字には発音も意味もまったく同じでありながら、文字の形がちがうというグループがしばしば存在する。この同音同義で異字形の漢字群のうち、人々がもっともよく使い、社会的に標準的な字形と認知され定着している字形を通用字体とし、それと異なった形のものを「異体字」、または「別体字」、「或体字《わくたい》」などと呼ぶ。

異体字の歴史は非常に古く、いま私たちが見ることができるもっとも古い漢字である「甲骨《こうこつ》文字」からすでに存在する。たとえば「好」という漢字は《女》と《子》からなり、女性が自分の子供をかわいがることから「すき・愛する」という意味を表し、また女性にとって子供がとてもよいものであることから「よい・このましい」という意味を表すが、甲骨文字や青銅器に鋳こまれた銘文の漢字（金文という）では、《女》と《子》が配置される場所が左右一定していない。

　異体字は文字の使用者人口が拡大するとともに増え、とくに秦の始皇帝による中央集権官僚制国家が成立して、中央と地方でやりとりされる行政文書を多くの官吏が書くようになると、よりスピーディかつ簡単に文字を書こうとして、字形をくずす傾向が一段と強まった。

　さらに書写材料の多様化が、それに拍車をかけた。書写材料とは文字が書かれる素材のことで、いまの私たちは紙の上に文字を書くのが一般的だが、しかし表札や郵便受けのネームプレートには木材やプラスチックが使われるし、石碑や墓には石が使われる。中国の四大発明の一つである紙が発明されたのは、発掘成果から考えれば紀元前一〇〇年前後のことと推定されるから、紙はこれまでに二千年あまりの歴史をもっている。しかし漢字の

「好」の甲骨文
（二玄社刊
『大書源』より）

歴史は三千年を超えるから、漢字が使われるようになってから約一千年ほどは、まだ紙がなかった時代であった。

そんなときにも、漢字はなにかの素材の上に書かれていた。神のお告げを知るためにおこなわれた卜《うらな》いの結果は、卜いに使った亀の甲羅や牛の骨にナイフで刻みこまれたし、先祖を祭る祭壇に供えられた食物や酒を入れるための青銅器には、それを作った由来を記した文章が内部に鋳こまれた。紙が発明される前では、書物や記録は竹や木の札（竹簡・木簡）を細長く削った札に書き、それを何本も綴りあわせるのが一般的であった（この形を漢字にすると「冊」となる）。

紙が発明されてからも、山の崖や、山から切り出してきた石に文字を刻んだ石碑が大量に作られた。紙に文字を書くときには穂先が柔らかい筆を使うが、石碑に文字を刻むには鉄製のノミを使う。その道具のちがいが、書かれる文字の形に反映しないはずがない。同じ人間が石碑に文字を刻む場合と、筆を使って紙の上に文字を書く場合に、同じ形の文字が書かれる方がむしろ不思議であった。こうして長い歴史のあいだに展開された文字記録環境の多様化とともに、必然的に多くの異体字が生まれることとなった。

異体字のランクづけ

異体字が多数存在するのはまことにやっかいなことだから、やがて異体字を整理して、由緒正しい字形とそうでないものを区別しようとする動きがおこってきた。由緒正しい字形を「正字」といい、そうでないものを「俗字」と呼ぶが、その区別が意識されたのは、個人の能力本位で官僚を採用するための試験「科挙」の受験と、その答案の採点がきっかけであった。

唐時代に本格的に実施された科挙はいくつかの分野に分かれているが、ほとんどの受験者が目指したのは「進士科」で、実際の試験はいまのことばでいえば「小論文」形式だった。ごく単純にいえば、時事問題について考えるところを述べよという出題であって、それに対して受験者は儒学の経典に記されている記述をふまえながら、「八股文《はっこぶん》」というきわめて煩瑣な書式に準拠しつつ、形式面でも内容面でも充実した文章を書かねばならなかった。科挙は古今東西の歴史においてもっとも難しかった試験といわれるもので、受験者はそれまでの人生すべての努力を傾注して答案を書いたし、それを読んで採点し、優劣をつけることも、受験者の苦労に匹敵するほどに神経を使う困難な作業であった。

そんなときに、同一の字種でありながらいくつもの書き方がある漢字は、受験者にとっても採点者にとってもまことにやっかいなもので、異体字がなんの基準もなく好き放題に使われるのは混乱を招くばかりであった。そこで多くの異体字の中から、由緒正しい文字とそうでない通俗的な文字とを区別する必要が痛感されてきた。

こうして唐代中期には、異体字を整理して、正字と俗字を区別するための書物が作られるようになった。このように漢字（原則的に楷書だけ）の異体字を整理して「正字」を定めた書物を字様書《じようしょ》といい、その最初は唐代初期の優れた学者であった顔師古《がんしこ》（五八一―六四五）が儒学経典の正しい本文を確定したときに異体字を別に書き出して正俗の区別を判定した『顔氏字様』であるとされる。

ただその書物はすでに散逸して伝わっていないのだが、唐代における異体字整理の実情を把握することができる書物として、顔師古の子孫にあたる顔元孫《がんげんそん》が作った『干禄字書《かんろくじしょ》』がいまに伝わっている。

『干禄字書』は約八〇〇の漢字について異体字を挙げ、それを正・通・俗の三通りに分類した。この分類基準は、序文によれば、「正」とは『説文解字』など確実な根拠がある由緒正しい字形で、天子に差し出す上奏文などや学問的な著述、あるいは詩文や碑文などに用いるべきもっとも正統的な字体である。科挙の答案には、もちろんこれを使わなければならない。それに対して「通」とは、実際の社会で長年使われてきて定着した異体字で、役所内での通常の文書や手紙などに使用してもかまわないとされるもの、「俗」とは学問的な裏づけをもたない民間の俗字で、商売上の帳簿や薬の処方箋など、日常的な用途で書かれる文書では使ってもいい、というものである。

なお書名を『干禄字書』と名乗るのは、『論語』為《い》政《せい》篇に「子張　禄を干《もと》むるを学ぶ」とある文から取ったもので（ここでは「干」を「もとむる」と訓じる）、「干禄」とは仕官す

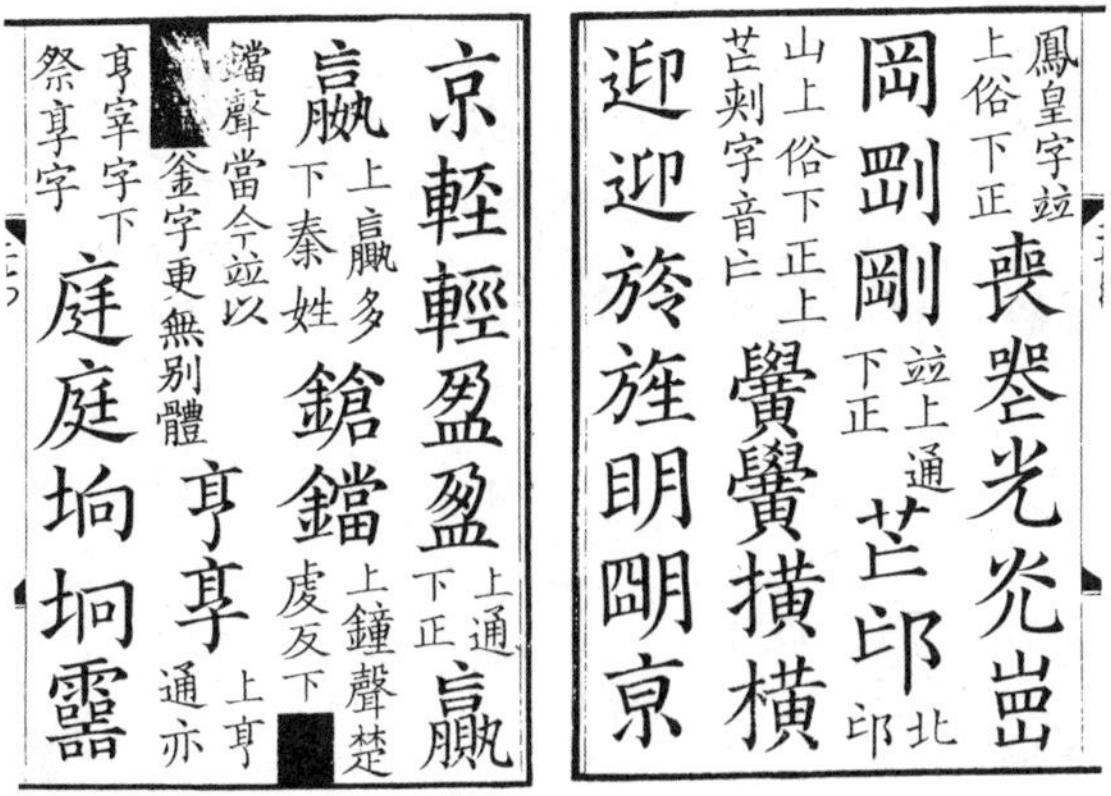
鳳皇字竝上俗下正
喪光灮
岡剛竝上通下正芒卬北卬
山上俗下正上
芒刺字音亡
釁釁横横
迎迎旍旌明朙京
京輕輕盈盈上通下正
亯嬴上亯嬴多下秦姓鎗鐺上鐘聲楚虔反下
鐺聲當今竝以釜字更無別體亨享上亨通亦
亨宰字下祭享字庭庭垧坰

『干禄字書』

ることをいう。つまりそれは役人になって俸給をもらうためにはまず字体についての正しい認識をもつべきだとの意識に立った、きわめて実用的な目的のもとに作られた書物であり、科挙の受験者から大いに歓迎されたことと思われる。この書物はやがて石に彫られ、その拓本が非常に広く流通した。

ちなみに上の図版の中央部分には、「釁《こう》」(「昌平黌」に使われ、学校という意味)からはじまり、横・迎・旌(旗のこと)・明・京・軽・盈と、それぞれの漢字が二字ワンセットで並べられており、最後に小さな文字で「上は通、下は正」と記されている。これはそれぞれのペアにおいて上が通用字、下が正字であることを意味する注記である。

これを見ていくと、その時代には「横」という漢字が手ヘンに書かれ、「京」がまた

唐 顔真卿 蔡明遠帖
唐 杜牧 張好好詩
北宋 沈遼
北宋 蘇軾 中山松醪賦
北宋 黄庭堅 寒山子龐居士詩
北宋 米芾 虹県詩巻
北宋 米芾
東晋 王献之
唐 欧陽詢 行書千字文
唐 太宗 晋祠銘
唐 褚遂良 哀冊
唐 李邕 麓山寺碑
唐 顔真卿 祭姪文稿
唐 顔真卿 祭伯文稿
唐 顔真卿 争坐位稿
唐 顔真卿 送劉太沖序
奈良 東大寺燈台銘
平安 興福寺銅燈台銘
東晋 王羲之 集字聖教序
東晋 王羲之 興福寺断碑
東晋 王羲之 得示帖
東晋 王羲之 平安帖
東晋 王献之 鴨頭丸帖
南宋 張即之 李伯嘉墓誌銘稿
元 趙孟頫 玄妙観三門記
元 倪瓚
明 王寵
清 金農
清 鄧石如
清 包世臣
飛鳥 法隆寺釈迦三尊銘
奈良 光明皇后 楽毅論
唐 顔真卿 顔氏家廟碑
唐 柳公権 玄秘塔碑
唐 裴休 圭峰禅師碑
唐 毘沙妻楊夫人墓誌
唐 世説新書
北宋 蔡襄 泉州萬安橋記
北宋 徽宗 楷書千字文
南宋 高宗 真草千字文
南宋 張即之 金剛般若経
唐 欧陽通 泉男生墓誌
唐 高正臣 越国太妃燕氏碑
唐 薛曜 夏日遊石淙詩
唐 薛稷 信行禅師碑
唐 殷玄祚 契苾明碑
唐 楊汲 楊執一墓誌
唐 顔真卿 郭虚己墓誌
唐 顔真卿 顔勤礼碑
唐 欧陽詢 皇甫誕碑
唐 殷令名 裴鏡民碑
唐 褚遂良 伊闕仏龕碑
唐 褚遂良 孟法師碑
唐 褚遂良 雁塔聖教序
唐 褚遂良 倪寛伝賛
唐 顔師古 等慈寺碑
唐 王知敬 李靖碑
唐 敬客 王居士塼塔銘
隋 龍華寺碑
隋 蘇孝慈墓誌
隋唐 房山雲居寺石経
隋 智永 真草千字文
隋 智永 関中本千字文
唐 虞世南 孔子廟堂碑
唐 昭仁寺碑
唐 欧陽詢 化度寺碑
唐 欧陽詢 九成宮醴泉銘
唐 欧陽詢 温彦博碑

さまざまな「明」(二玄社刊『大書源』より)

「京」と書かれることがあったということがわかる（戦前の「京都帝國大學」では実際に「京」という字体を使うこともあった）。

「迎」や「軽」についての指摘は、現代人にとってもなるほどとうなずかれるところであろうが、興味深いのは「明」という漢字で、通用字とされているのは《目》と《月》を組みあわせた形であり、おなじみの《日》と《月》を並べた「明」ではない。「明」という漢字は唐代では《目》と《月》の組みあわせで書かれる方が多かったのである。いっぽうそれに対して正字とされる「朙」の左側にある《囧》は窓の形をかたどった要素で、もともと「朙」は「窓から差しこむ月明かり」のこと、そこから「あかるい」という意味を表すようになった。《日》と《月》を組みあわせた「明」も早くから使われていたが、唐代で科挙を受験するときには「明」ではなく「朙」と書かなければ合格しなかったにちがいない。

簡略化字体とは

現在の漢和辞典などで示されている「正字」や「俗字」、あるいは「誤字」という区別は原則的には『康熙字典』に基づいているが、さらにその根源をたどれば、この唐代の漢字分類がルーツである。しかし中国の長い歴史のなかで、実際に漢字を使ってきた人々は、科挙を受験するときのように学術的に由緒正しい正字ばかりを書いてきたわけではもちろんなかった。むしろ民間においては構造が簡単で書きやすい「俗字」、すなわち簡略化字体を使うことも決して珍しくはなかった。

簡略化字体も異体字の一種であり、その歴史は非常に古く、決して近年になってから作られたものではない。そもそも「甲骨文字」以来の漢字の歩みは、外面的には書体の変化という形式をとりながら、実際には複雑な字形を簡略化してきた歴史であったともいえる。昔から文字を書く人はより速く、より簡単に書ける文字を求めて、すすんで簡便な書き方を追求してきた。篆書《てんしょ》から隷書への移行も、隷書がくずされて行書や草書が作られたのも、目的は文字の簡略化にあったといってよい。それがさらに楷書になっても、同じ漢字でありながら偏やツクリを簡単にしたり同じ発音の他の字で置き換えて作った簡略字が使われることは、ごく普通のことであった。

簡略化字体の採用

異体字について説明するつもりが、ちょっと横道にそれすぎたようだ。このあたりで「当用漢字表」に話をもどそう。

「当用漢字表」は「まえがき」に「字体と音訓との整理については、調査中である」と記しておきながら、その直前の項目には「簡易字体については、現在慣用されているものの中から採用し、これを本体として、参考のため原字をその下に掲げた」という記述がある。

字体について「調査中」であるにもかかわらず、しかし「表」のなかにいくつかの簡易字体を採用するというのは一見したところ矛盾するようにも思えるが、「まえがき」の意図をくめば、それまで社会的によく使われていたと認定できる簡易字体についてはこの段階で正規の字体として採用し、それ以外は今後の調査検討にゆだねた、ということだったのだろうか。

ちなみに「当用漢字表」制定の段階で表中に採用された簡易字体は、次の一三一種類であり、これらについては「乱（亂）」とか「仮（假）」「剤（劑）」というように、簡易字体を前に、旧字体をカッコにいれて後ろに置くという形式で表に掲げられた（現行の新字体

圧・囲・医・壱・隠・栄・営・駅・円・塩・欧・殴・穏・仮・画・会・絵・拡・覚・学・岳・勧・関・歓・観・帰・犠・旧・拠・挙・区・駆・径・茎・経・軽・継・欠・研・献・権・鉱・号・済・斎・剤・参・蚕・惨・賛・残・糸・歯・辞・実・写・釈・粛・処・称・証・触・嘱・図・随・髄・枢・数・声・窃・浅・践・銭・潜・双・総・属・続・堕・対・体・台・滝・択・沢・担・胆・断・遅・虫・逓・鉄・点・当・党・独・読・届・弐・悩・脳・廃・麦・発・蛮・浜・併・並・辺・変・弁・宝・豊・万・満・訳・予・余・誉・乱・両・猟・礼・励・霊・齢・恋・炉・労・楼・湾

で示し、それぞれの「原字」＝旧字体は省略)。

この一三一種類の漢字は、「当用漢字表」において簡易字体が正規の字体として採用されたということになる。だがそれでも「当用漢字表」所収の漢字全体の字体は「なお調査中」であって、その最終的な調査結果としてまとめられたのが「当用漢字字体表」であった。

活字字体整理案の作成

それではこの「字体表」において規範とされた字体の調査は、いったいだれがどのようにおこなったのだろうか。

そもそも使える漢字の種類が定められても、同じ漢字にさまざまな形があるという状態でもっとも困るのは、教科書編修と新聞印刷という分野だった。

教科書はGHQの指導で、戦前の国定教科書から大幅に作りかえられた。年配の人々からは「先生の指示にしたがって、かつての教科書の記述を墨で真っ黒に塗りつぶした」という思い出話をよく聞いたが、教科書に書かれる内容はともかく、それを印刷する際にも異体字が多くあって、どれを使えばいいのかが明確にされていなければ、教育現場に大きな混乱をもたらすことになる。また新聞は毎日毎日、大量の漢字を印刷しなければならないから、他のジャンルと比べものにならないくらいに、字体を確定する必要を切実に感じていた。

　そのようなニーズから、「当用漢字表」所収の漢字について字体を詳しく検討し、規範的な形を確定するために「活字字体整理に関する協議会」が結成された。これは「協議会」であって「委員会」ではなく、いまのことばでいえば「ワーキンググループ」にあたる。座長（「委員長」ではない）には文部省教科書局長が就任し、教科書局関係官をはじめとして日本印刷学会副会長や印刷図書館長、大蔵省印刷局の工場長、主要な印刷会社の幹部、各新聞社の活版部や校閲部、それにタイプライターの会社や活字鋳造会社の関係者などが参加した。それは印刷業務に精通する「実働部隊」であって、この協議会が精力的に調査と検討をすすめて、最終的に七七四字の字体を決めた。それがやがて「活字字体整理案」という名前で国語審議会に報告され、国語審議会はそれにさらに検討を加えていくつかの字体の取捨をおこない、最終的に七二三種の字体を選んで「当用漢字字体表」を作成した。

活字設計の基準

「当用漢字字体表」が昭和二十四年四月二十八日に内閣から告示されて、当用漢字一八五〇種の漢字の字体の規範的な形がようやく示された。

　この「当用漢字字体表」の性格を一言でいえば、活字設計の標準を示した表である。標

わかるのだが、それを実際に印刷するときにどの字体を使えばいいか、字体の基準がないわけだから、どれがいいのかわからない。そこで印刷のときに基準とするべき字体が定まっていなければ、漢字を印刷するときにどの字体を使えばいいかわからない。大手の印刷会社や新聞社には戦前から使っていた活字が大量にストックされているが、しかしそれをそのまま使っていいかどうかもわからない。もちろん「山」や「川」「木」「水」など、ただ一種類の字体しかないものはそのまま使えばいいのだが、しかし一字種に数種の字体がある場合には、うちのどれを使えばいいのかがわからない。だから「当用漢字表」に入っている漢字については、これからはこの「字体表」にある形を活字設計の基準とし、それを印刷に使いなさい、という趣旨なのである。

ところで「当用漢字字体表」には、もちろん一八五〇種の漢字しか入っていない。その表に入っている漢字なら、その形で活字を作って印刷に使えばよい。しかし「表外字」、つまりその「当用漢字表」に入っていない漢字を印刷するときには、いったいどうしたらいいのだろうか？　現代の人々には当然そのような疑問が起こるだろう。しかし当時の認識では、もともと「当用漢字表」に入っていない漢字を使うことは想定されていなかったのである。表外字は「かなで書くか、他の漢字で書き換えるか」ということになっていて、その漢字を使ってはいけないのだった。それが「漢字制限」ということなのであり、だからこそこのときには、「表外字」についてまったくなんの処置も講じられなかった。このことがやがて漢字に大きな影響をあたえることとなるのだが、それについては後節に述べることとする。

字体選定の方針

「当用漢字字体表」の「まえがき」には、字体選定の方針が次のように書かれている。

一、この表は、当用漢字表の漢字について、字体の標準を示したものである。

一、この表の字体は、漢字の読み書きを平易にし正確にすることをめやすとして選定したものである。

一、この表の字体の選定については、異体の統合、略体の採用、点画の整理などをはかるとともに、筆写の習慣、学習の難易をも考慮した。なお、印刷字体と筆写字体とをできるだけ一致させることをたてまえとした。

さらに「備考」があって、そこに「この表は、当用漢字表の配列に従い、字体は、活字体のもとになる形で示した」とあり、次の三つの方針で字体の整理がおこなわれたと記している。

（一）　活字に従来用いられた形をそのまま用いたもの

（二）　活字として従来二種以上の形のあった中から一を採ったもの

（三）　従来活字としては普通に用いられていなかったもの

私なりにそれに説明を加えると、

（一）はもともと一字種一字体のもので、山・川・金・木・手などがこれにあたる。

（二）は例として　効　叙　姉　略　島　冊　商　編　船　満が、それぞれの異体字を小さく添えた形であげられている（下図参照）。

もっとも大きな問題は（三）の部分で、「従来活字としては普通に用いられていなかったもの」だから、大多数の印刷業者はこれらの漢字の活字をあらたに鋳造する必要があった。この部分ではさらに字形変化のタイプによって以下の八種類に分類され、それぞれについて具体的な例があげられている。

(1)　点画の方向の変った例

半 半　兼 兼　妥 妥　羽 羽

(2)　画の長さの変った例

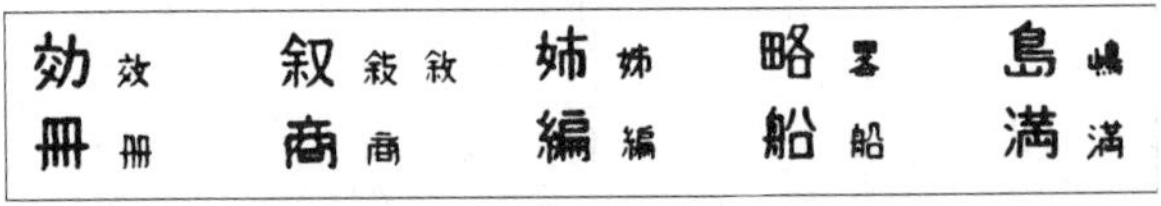

「当用漢字字体表」より

(3) 同じ系統の字で、又は類似の形で、小異の統一された例

告 告　契 契　急 急

拝招 拜招　全今 全今　抜友 拔友

月期朝青胃 月期朝青胃　起記 起記

(4) 一点一画が増減し、又は画が併合したり分離したりした例

者 者　黄 黃　郎 郞　歩 步　成 成

(5) 全体として書きやすくなった例

黒 黑　免 免

(6) 組立の変った例

亜 亞　倹 儉　児 兒　昼 晝

黙 默　勲 勳

(7) 部分的に省略された例

応 應　芸 藝　県 縣　畳 疊

(8) 部分的に別の形に変った例

広 廣　転 轉

「等線体」という書体

この方針のもとに一八五〇種類の漢字について規範的な字体が定められ、それが「法令・公用文書・新聞・雑誌」、および学校で使われる教科書などで印刷に使われた。ところで「当用漢字字体表」は印刷に使う活字を設計する標準を示すために作られたものだから、表ではそれぞれの漢字が「見本」として、手書きで書かれている。とくに上記の字体整理方針の「(三) 従来活字としては普通に用いられていなかったもの」については、印刷しようにも活字がないわけだから、手書きで示されるのは当然である。

だが「当用漢字字体表」が実際に官報に掲載されたときには、それぞれの漢字がかなり

殉	殊	殖	残	段	殺	殿	殴	母	毎	毒	比
毛	氏	民	気	水	氷	永	求	汗	汚	江	池
決	汽	沈	没	沖	河	沸	油	治	沼	沿	況
泉	泊	泌	法	波	泣	注	泰	泳	洋	洗	津
活	派	流	浦	浪	浮	浴	海	浸	消	渉	液
涼	淑	涙	淡	浄	深	混	清	浅	添	減	渡
測	港	渇	湖	湯	源	準	温	溶	滅	滋	滑
滞	滴	満	漁	漂	漆	漏	演	漢	漫	漸	潔
潜	潤	潮	渋	澄	沢	激	濁	濃	湿	済	濫
浜	滝	瀬	湾	火	灰	災	炊	炎	炭	烈	無
焦	然	煮	煙	照	煩	熟	熱	燃	燈	焼	営
燥	爆	炉	争	為	爵	父	片	版	牛	牧	物
牲	特	犠	犬	犯	状	狂	狩	狭	猛	猶	獄
独	獲	猟	獣	献	玄	率	玉	王	珍	珠	班
現	球	理	琴	環	璽	甘	生	産	用	田	由

「当用漢字字体表」の「等線体」

小さいサイズで示され、はっきり見えなかったという。この表が官報に掲載されたのは終戦からまださほど時間が経っていない昭和二十四年のことで、当時の印刷技術や紙質を考えれば、印刷状態が決してよくなかったのはしかたないことであろう。私はかつて、そのころ印刷会社で活字設計の仕事をしていた方（すでに故人となられた）から話をうかがう機会があったが、実際にそれを見たときにはあまりの見づらさに難渋したという。

ところで前頁の図版を見ればおわかりいただけると思うが、この字体はちょっとユニークな形で書かれていて、筆画の縦線と横線が同じ太さになっている。このような書体を「等線体」というらしい。一般にはあまり注意されていないことだが、いま私たちが印刷物でふだん見慣れている「明朝体」では、縦線が太く横線が細く書かれているのだが、「当用漢字字体表」の字体はどの線も同じ太さになっている。だからといって、印刷に用いられるゴシック体ともちがっている。見たところ出来のよくない看板やポスターに見られる程度のおもむきの文字だ、といえば悪口の言い過ぎだろうか？　しかし少なくとも私には、そこに「きれいな文字」を書こうとする意識が感じとれない。だがそれは当然であって、この表では「文字の美しさ」を追求する必要などまったくなく、むしろ芸術的要素は意識的に排除された。それはあくまでも、字体＝文字の骨組みを示すことだけを目的とした表だったのである。

字体表はだれが書いたか

ではこの漢字はいったい誰が書いたのか？　それについて、当時文部省の嘱託として字体表の制作にあたった林大氏が、これまでにも引用した『国語施策百年の歩み』（四六ページ参照）のなかの座談会で、次のように述べている。

林　当用漢字表のまえがきに、字体と音訓との整理については調査中であると書いてあります。だから、字体の問題が宿題になっていたことは確かです。私にとってそれが目の前に現れたのは、印刷学会副会長の山上謙一という工学博士が国語課へやってこられて、釘本課長のところで、今の活字はこういう違いがあって困る、これを何とか統一することは考えられないかというようなお話だったらしい。それで、そのことについて私が何かさせられたんですね。それが始まりで、活字字体整理に関する協議会ができました。

斎賀　二十二年の七月十五日に、文部省に活字字体に関する協議会が設置されている。

林　それです。それが山上先生という方のお話がきっかけになったものと思うんです。例えば、なべぶたの上が点か縦棒か横棒か、そういうことがあったもんですから、活字屋さんに集まってもらって、ひとつやろうじゃないかというので、七月にそれができました。その協議会は、小委員会九回、総会八回、合計十七回やったのかな。

斎賀　そこで十月に整理案ができて、国語審議会に送付した。それを受けて、十一月に国語審議会の中に、字体整理に関する主査委員会が設けられた。

林　改めて主査委員会ができて、そこで審議しました。当用漢字表そのものに、一三一字の略字が括弧で示されていました。例えば、当用漢字の「当」。「みだれる」という字も、「亂」じゃなくて「乱」で済ませるようにした。それは当用漢字の時にあったわけです。それをもう少し拡大した。それから、今度は活字屋さんの方で、「一」は長いのか短いのか、「二」は上が短くて下が長いという習慣がそれでいいのかどうか。それが漢字の一部分として中へ入ってくると、長い短いがまた問題になったり、この活字屋さんのはこっちが長いけれども、こっちのはどうだというようなことがあって、その統一の問題とか、全体として簡略化を進める問題とか、そういうことをやったわけです。

（中略）

岩淵　先生が、字体の版下ではないですけれども、元をお書きになったと伺いましたけれども。

林　私は、あそこで活字の字体について大分勉強しました。活字屋さんは明朝活字で考えていますでしょう。私、明朝活字の形の骨格を取って、ガリ版に切ったわけです。「刀」という字をこう持っていって、ここから出して、少しカーブさせて、はねて、こうやるとかね。

岩淵　内閣告示の表は元のものではないようですが、これも先生が……。

林　これは僕が書いたんじゃなくて、印刷局の人が書いてくれたんです。（以下略）

（岩淵匡　斎賀秀夫　野元菊雄　柴田武各氏との座談会）

「当用漢字字体表」の問題点

林氏は字体選定における中心人物の一人であり、後年には国語学者の林四郎氏、中国語学者の松岡榮志氏とともに、当時の字体選定にまつわる思い出を、ざっくばらんな口調で次のように語っている。

（当用漢字の字体は）もう少し工夫したほうがよかったようなものがあるわけですよ。あの当時忘れられちゃったので言えば、選挙の選の字ね。あれは頭の部分を「ツ」にすればよかったんですよ。あれはあとで議論しましょうと言ってたけれど、忘れちゃったんです（笑）。（林四郎・松岡榮志著『日本の漢字・中国の漢字』三省堂　一九九五　二一一ページ）

「選」の「頭の部分」を『ツ』にすれば、「迸」という形になる。こんな字体が採用されなかったことを私はすなおに喜びたく、関係者がその議論をよくぞ「忘れてくださった」

ものだと心から感謝したい。

他にも林氏は同書のなかで、「與」が中国の簡体字では「与」と書かれるのに対して日本では「与」と「しっぽが出る」字体になっていることについても、「この字ね、あれ出る理由なんにもないんです（笑）。ほんとに裏話になるかもしれないけども、これを活字で形をとる時に出たほうがいいって」と語り、続いて「雪」について、「それから『雪』の字は、中国ではもともと『雪』ですよね。これなんか、いじらなくてよかったと言われるわけ。こんなところ変える必要なかった。それはなんで変えたかというと、当用漢字が示された時に、『當』の字を『当』と示した。そのために『⺕』をみんな『ヨ』にしようということにしちゃった。もちろん字源的に性質が違いますけども。似てるから一緒にしてしまった」と述べる（前掲書　二七九ページ）。

このずいぶん「お気楽」な談話から見れば、字体表における字体の選定は、専門家が議論をくりかえし、検討に検討を重ねておこなわれたものとはとうてい思えない。誤解をおそれずにいえば、ごく少数の人による密室での作業であって、その結果に対する外部からの意見はまったく反映されることがなかったようだ。

「当用漢字字体表」が世に出てから現在までに七〇年あまりの時間がたち、このあいだに表に示された字体が、学校教育などによって社会にすっかり定着した。そのことについていまさらどうこういうつもりはない。しかし個人的な見解では、「字体表」で示された字体にはいくつかの問題があって、それが後に混乱をもたらすこととなったと考える。

「字体表」の問題点としては、まず簡略化の不徹底がよく指摘される。たとえば「字体表」では「佛」は「仏」、「拂」は「払」という形で示されたが、それらと同じ要素をもつ「沸」と「費」はそのままで、その二つについては《弗》の部分を《ム》としていない。「費」の上部を《ム》にすれば「貟」となるが、それは「費」ではなく「員」の異体字である。それで「費」のままにしておいたと考えるのは、おそらく字体表作成チームに対する善意あふれる見方であろう。

同じように「字体表」では「獨」は「独」と、「觸」は「触」としながら、「濁」についてはそのままであってツクリを《虫》にした《浊》とはなっていない。またこれまで「專」と書かれていた漢字は「専」と簡略化されたが、その《專》を構成要素にもつ「傳」は「伝」、「轉」は「転」とされた。しかし同じ《專》を構成要素にもっている「團」が「団」という形になっているのは、いったいなぜなのだろうか。

「瀧」は《龍》の部分を《竜》にかえて「滝」とされた。しかし、同じ《龍》を部分にもつ「襲」はそのままである。「まえがき」にいう「印刷字体と筆写字体とをできるだけ一致させること」を「たてまえ」とするのならば、「襲」という字体の選択もありえたのではないだろうか（もちろんそうあるべし、といっているのではなく、単に不徹底を指摘しているだけである）。実際に、真珠湾攻撃の成功を大本営に伝える有名な電報では「奇襲成功セ

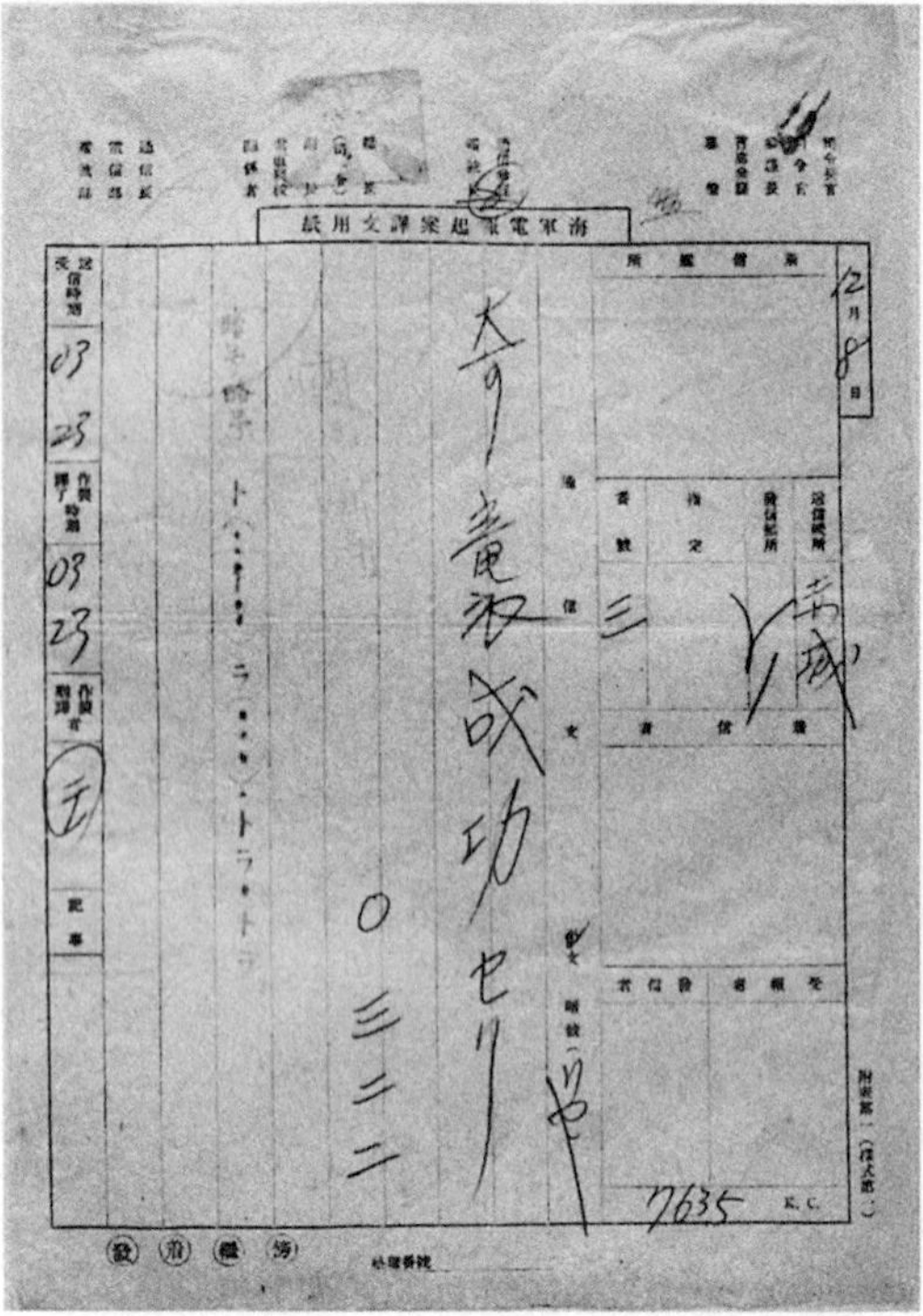

真珠湾攻撃の成功を伝える電報（靖國神社遊就館蔵）

リ」と、その字体が使われているのだ。

示ヘンと衣ヘン

かつて私の学生で、いまは中学校の国語の先生になっている女性からあるとき、示ヘンと衣ヘンの区別を教えるのに困っているという趣旨のメールが届いた。生徒のなかには両者の区別がつかず、「神」を衣ヘンで書いたり、「補」を示ヘンで書いたりするものがたくさんいて、どのように教えたらいいかアドバイスがほしいというのである。

「神」や「社」、「祝」、「祈」などは、かつては「神」、「社」、「祝」、「祈」と左側が《示》の形で書かれていたが、それが「当用漢字字体表」では左側を《ネ》という形で示された。《示》を《ネ》と改めたことで、画数は一画減ったが、しかしその結果「ころも・衣服」を意味する部首の変形である《ネ》と非常によく似た形になった。両者のちがいは小さな点があるかないかだけだから、小中学生（あるいは高校生）のなかにはその区別がつかないものが非常に多いという。

届いたメールに対して私は、宗教にかかわることなら示ヘン、衣服にかかわることなら衣ヘンと教えたらいいではないか、ときわめて常識的かつ平凡な答えを返したのだが、折り返しまたメールが来て、「裕」とか「複」、「補」などの漢字が字源的に衣服に関係することを説明するのは非常に難しいといわれて、頭を抱えこんでしまった。もし字体表が

《示》を《ネ》に変更していなかったら、両者を区別するのはそれほど難しいことではなかったにちがいない。

別々の文字を一つにすることの功罪

問題はほかにもあって、複数の漢字が一つの形に統一されることとなって、効果的に漢字を整理できた反面、混乱を引き起こすこともあった。

「辨」(処理する)・「辯」(ものをいう)・「瓣」(花びら)はもともと別々の漢字だったが、「当用漢字表」はそれをすべて「弁」という字体に統一し、弁理士・弁論大会・花弁と書かれるようになった。これはたしかに、よく似ていてまちがいやすい漢字をわかりやすくしたといえるだろう。一時「レトロ調」とやらがはやったころに、拙宅の近所のスーパーで開かれた「駅弁市」のチラシに「駅辯市」(「駅」は「驛」となっていない)と書かれていたのは、単なるご愛敬にすぎない(もちろん「驛辨」が正しい)。

しかし「藝」が「芸」と書かれるようになったことについては、異論を持つ人が世間にはたくさんおられるにちがいない。

「芸」と「藝」はもともと別字であり、「芸」は字音ウン、本来は香草の名で、防虫効果があることから書物を蔵する部屋に敷き詰める植物だった。奈良時代末期に石上宅嗣《いそのかみのやかつぐ》が設けた日本最古の図書館「芸亭《うんてい》」の名称はそれに由来する。かつて私が勤めていた大学の学生は世間からは「偏差値が高い」とよくいわれ、子供のころから受験勉強に邁進してきた学生が非常にたくさんいるが、それにもかかわらず、これを涼しい顔で「ゲイテイ」と読む者がいかに多いことか。日本文藝家協会や出版社の文藝春秋がいまも「藝」を使い続けているのは、まことに優れた見識を持つものと私は評価したい。

あと一つだけ「問題字」を指摘しておきたい。

現在の中国では字形を大幅に簡略化した「簡体字」が使われていることはよく知られているが、その簡体字では「従」を「从」と書くことになっている。ずいぶん大幅に簡略化したものだと思えるが、しかし「从」は人民共和国になっておこなわれた「文字改革」で作られた簡体字ではなく、これまでに二千年以上もの歴史をもつ、非常に古い漢字なのである。

「従」は甲骨文字では「」という形に書かれ、見ての通り、一人の人間の後ろにもう一人が「つきしたがって」いる形を表している。それが篆書で「」と書かれ、さらに隷書で「从」という形になった。この「从」に、道路を歩くことを表す《辵》（のちのしんにょう）を組みあわせて「從」という字形ができた。現代中国で使われる「从」は、この「從」を古い形に戻すという形で簡略化したというわけだ。

「从」と「辵」を組みあわせた形である「從」が「したがう」という意味を表すのは、いうまでもなく《从》の部分に由来している。その部分はこの漢字の心臓部である。ところ

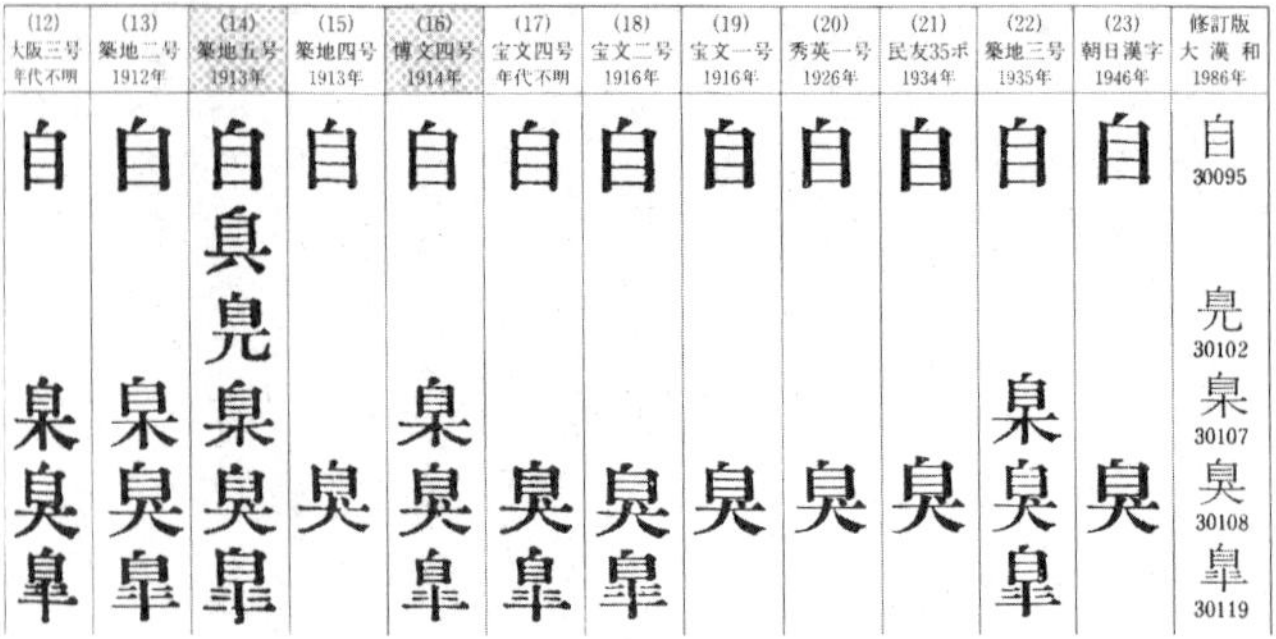

が「当用漢字字体表」ではこの字を「従」と書くこととし、《从》の部分がわけのわからない記号にされてしまった。いったいなぜこんなことになったのだろう。《示》を《ネ》としたのと同じく、「從」を「従」とすることで、全体の画数はたしかに一画減る。しかしこの一画の減少が、多くの人にこの漢字を「書きやすく、覚えやすく」した、ということなのだろうか？　そしてそのかわりにこの文字の心臓部ともいうべき「从」がなくなっても、いっこうにかまわない、ということだったのだろうか。

《犬》はなぜ《大》になったか

さてここで本書の「はじめに」にとりあげた「臭」という字について、すこし詳しく考えてみよう。

上の図版は『明朝体活字字形一覧』（文化庁文化部国語課編　一九九九）に見える「臭」という漢字に

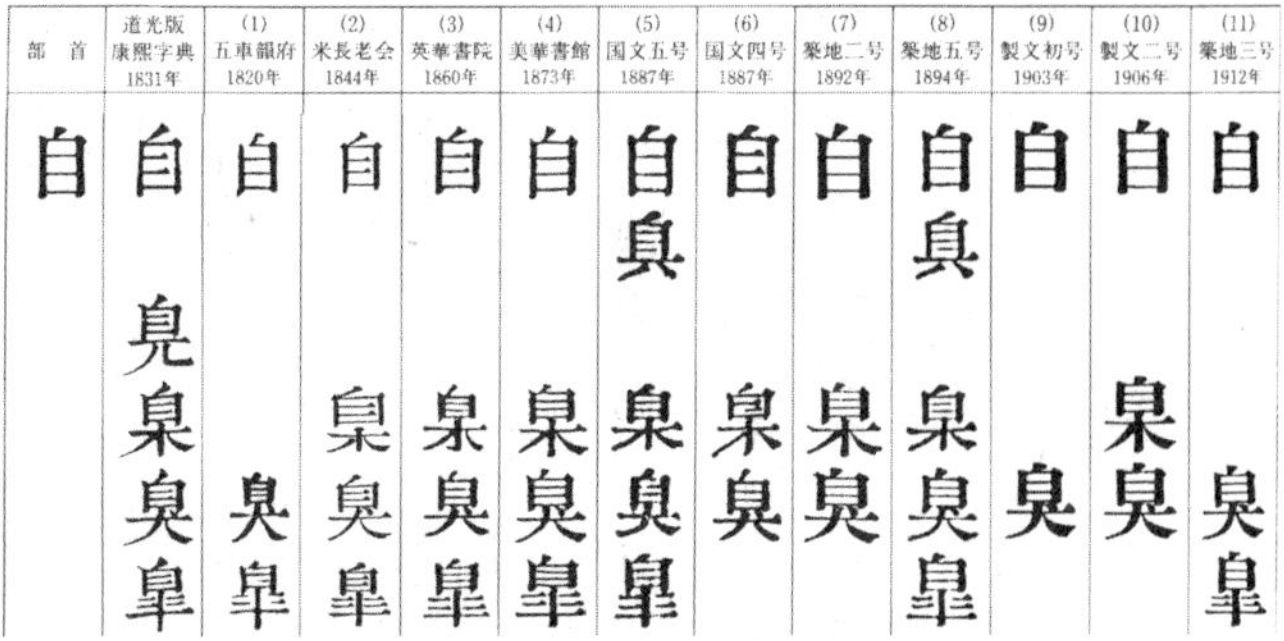

『明朝体活字字形一覧』

関する部分である。

この書物は日本の幕末期と明治時代から戦前までの時期、具体的には一八二〇年から一九四六年のあいだに、さまざまな漢字の明朝体活字がどのような形に鋳造されていたかを、活字製作会社と印刷会社の「活字見本帳」から抜き出した資料である。活字印刷の時代には、活字製作会社や印刷会社は自社で印刷したらどのような仕上がりになるかを、「活字見本帳」というもので顧客に示していた。この『明朝体活字字形一覧』は、代表的な会社の見本帳を整理して文字ごとに並べたものであるから、これを見れば戦前までにわが国で実際に使われてきた活字の歴史的な変遷が字種ごとに一覧できるという、まことに重宝な労作である。

さてこの資料によると、戦前は、というよりは、「当用漢字字体表」が公布されるまで、「臭」という字はすべて《自》と《犬》の組みあわせであったことがわかる。それが「当用漢字字体表」では《自》と

《大》の組みあわせとなった。同様の事例は「類」や「器」についてもいえるのだが、ここでは煩雑さを避けるために、「臭」だけについて考えることとする。

この字体の変化は、「当用漢字字体表」の「まえがき」に示される字体選定の方針（一一七ページ参照）にいう「(4)一点一画が増減し、又は画が併合したり分離したりした例」に該当する。

いまその部分だけをここに取り出してみよう。(4)には例として次の各字が掲げられている（新字体を大きく、旧字体を小さく示している）。

者者　黄黄　郎郎　歩歩　成成　黒黒　免免

この部分にあげられる漢字は、従来の字体から点や線が微妙に加えられたり削られたりしているのだが、その増減にはいったいどのような考え方があったのだろうか？

一二一ページに引用した座談会のなかで、林大氏は「私は、後に『当用漢字字体表の問題点』という解説を文部省の『国語シリーズ』に書きまして、一通りの説明はしているんです」と述べている。それは文部省国語課（当時）が「国語の改善と国語教育の振興に関する施策を普及徹底するために編集」した「国語シリーズ」の第一三冊目として昭和三十八年に刊行されたもので、そのなかで林氏は上記の各方針について詳しく解説を加えている。

うちの(4)について、林氏は次のようにいう（『覆刻　文化庁国語シリーズ　Ⅵ　漢字』教育出版　昭和四十九　二九一ページによる）。

「者黄郎」の3例は、1点を減じたもの、「歩」は1点を加えたもの、「成黒」はもとの2画を1画に併合したもの、「免」はもとの1画を2画に分離したものである。

「者」は、いうまでもなく「煮都諸緒暑署」に及ぶ。「黄」は「横」の場合も同様、なお、「勤謹」「難漢嘆」もこの例である。「郎」は「廊朗」に、さらに食へんの場合に及ぼされる。

と例字について記し、さらに続けて、「一画を減ずるものは、右のほかに、『突臭戻類』など、字の下部にあってあまり識別の役に立っていないと思われる『犬』の点を省いた例（後略）」と書いている。

前述のごとく、林氏は字体表作成の中枢部にいた研究者だから、上の記述が「臭」から「臭」など、《犬》から《大》への変化を説明した信頼できる説明と考えてよいだろう。そしてその変更理由については「あまり識別の役に立っていないと思われる」からだと述べている。

たしかに「水」と「氷」と「永」の三字においては、点の有無や位置が文字の識別に直結するが、「臭」と「臭」、「器」と「器」などでは点があろうがなかろうが、どのみちほかの漢字にまちがえられることがない、というのが林氏の主張であろう。

いま「くさい」という意味を表す漢字について、目の前に「臭」と「臭」の二種類の異体字があり、両者が同じくらいに社会でよく使われていたのならば、そのうちのどちらか一つの字体を選ぶ作業が必要であることはまだしも理解できる。しかし「臭」という字体は、それまで一般にはほとんど親しみを持たれていなかったものであり、もし戦前の学校で実施された書き取りの試験で「臭」と書けば、おそらく誤字とされてバツをつけられたであろう。しかしそれにもかかわらず、「識別の役に立っていない」という理由で点を取り去ることは、人々がこれまで誤字と考えていた字体の使用を強制することにほかならない。こうして「臭」や「類」「器」など、かつては誤字とされていた字体が、正規の字体として国家規格に堂々と登場した。そして「はじめに」に書いたように、それまでは小学生にも理解できた「臭」や「戻」、「突」の字源がさっぱりわからなくなった。しかし「然」や「献」、「状」などにある《犬》については、やはり「識別の役に立っていない」にもかかわらず《大》とされなかった。いったいなぜなのだろう。

字源主義の排斥

ここまで述べてきたことからもわかるように、字体表に示される字体には、総じて漢字の成り立ちをまったく考慮していないものがたくさんある。だが字体を決める際に字源に基づくべきだという考え方は、当時はっきりと排除されていたのである。

「当用漢字字体表」を審議した第一四回国語審議会総会（昭和二十三年六月一日）で、安藤正次が「字体整理に関する主査委員会の審議経過報告ならびに原案の説明」という長い報告をおこなっていて、そのなかに次のような一節がある。

（前略）

おなじく字体を整理するにも整理の心ぐみがちがえば手段も結果もちがってまいります。復古を目標においての字体の選定では、もっぱら字源主義をとることになりましょうし、単に統一しさえすればよいというのならば、一も二もなく、康熙字典か何かに準拠をもとめるというのも一案でありましょう。しかし本主査委員会におきましては、わが国における国字としての漢字使用の歴史と現状とにてらして、字体選定のめやすを上記の点においたのであります。漢字の本国における学者の字体の考説も顧みられなければなりません。両国の文字生活の関連における異体の発生や、両国人の文字観念の相違、その他いろいろの点において留意すべきものは多々ありますが、わたくしどもは、わが国の国情からみまして、おなじく字体の整理をはかるにいたしましても、その国字としての立場に重きをおき、わが国民の読み書きを平易にし、正確にすることをめやすとすることにしたのでございます。漢字を国字としていながら、その当用の範囲内にある漢字すらも、よく書けないというのは、いかにもなさけない次第であります。高いていどの教育をうけた人々のうちにも、うそ字を書いて平気でいる人が少なくありません。そういう人たちは、すでに、漢字をまちがいなく書こうという意欲を失ってしまっているのですが、まだそういう境地に落ちこんでしまわない人たちは、どうしたらば間違いなく書けるかに苦心しているのです。文字地獄にあがいているといってもよいのでありまず。それらの人々を救うためにも、字体の整理は要求されるのでありますが、それにはまず、字体を単一にする。すなわち、異体を統一することが第一ですが、その場合に、二つ以上の字体の並び行われているものの場合には点画の組合せのむずかしいもの、こみいったもの、書きにくいものは、とらない。点画の組合せの複雑なもので省略の可能なものは、これを簡易化する。点画の組合せの微妙な差異はなるべく問題にしない。簡易字体の歴史的因縁の浅いものでも、社会的慣用が相当有力であると認められるものは、なるべくこれを採用するなどの方法によって字体をきめることにいたしました。この方針による字体の選定は、また同時にわれわれが漢字を正確に書くという結果をも伴うことになります。むずかしいからよく書けない、よく書けないからうそ字を書く、また字をまちがえるということになるのであります。

重要な部分なので長い引用となったが、ここで安藤は、字体の決定において字源主義をとることや『康熙字典』に範をとることを否定し、「点画の組合せのむずかしいもの、こみいったもの、書きにくいものは、とらない。点画の組合せの複雑なもので省略の可能なものは、これを簡易化する。点画の組合せの微妙な差異はなるべく問題にしない。簡易字体の歴史的因縁の浅いものでも、社会的慣用が相当有力であると認められるものは、なるべくこれを採用するなどの方法によって字体をきめる」ことにしたという。そしてそれは「わが国における国字としての漢字使用の歴史と現状とにてらして、字体選定のめやすを上記の点においた」からだとも述べている。

たしかに甲骨文字や金文、あるいは始皇帝の時代に作られた小篆の字形に基づく字源主義を、現代の日本語で使われる漢字に全面的に適用することは現実的ではない。しかし「わが国における国字としての漢字使用の歴史と現状」によるならば、「従」のなかから《从》を外したり、「臭」や「器」「類」について《犬》から《大》へと構成要素を換えたことも、これまでの日本語での現実の使用例がほとんどないという理由で、否定されるべきではなかったか。

安藤はまた「簡易字体の歴史的因縁の浅いものでも、社会的慣用が相当有力であると認められるものは、なるべくこれを採用するなどの方法によって字体をきめることにいたしました。この方針による字体の選定は、また同時にわれわれが漢字を正確に書くという結果をも伴うことになります。むずかしいからよく書けない、よく書けないからうそ字を書く、また字をまちがえるということになるのであります」というが、「從」のなかの《从》をわけのわからない記号に換えたり、《犬》を《大》に換えれば、それまで書けなかった漢字が書けるようになる、とでもいうつもりだろうか? 《犬》ならば「むずかしいからよく書けない、よく書けないからうそ字を書く」が、《大》にしたら、点を一つとれば、それだけで国民が正しい漢字を書けるようになる、とでもいうのだろうか。日本国民もずいぶんとなめられたものである。

「当用漢字字体表」によって規範とされた字体には、このように文字学的に大きな問題をはらむものがたくさん含まれている。しかしそれが国語施策として遂行され、そして実際に学校教育で使われることによって、問題点が議論されることもなく、それらの字体は社会にすっかり定着してしまった。いまとなってはそれら若干の「問題字」をあげつらって、字体の変更を議論することは決して現実的とは思えない。すでに手遅れとなっているのが、私には非常に残念でならない。

第2章　常用漢字表への道のり

2―1　人名用漢字の制定

国語審議会と当用漢字

ここまで「国語審議会」という名称が何度も出てきたが、ここでその組織について簡単に紹介しておこう。

国語に関する種々の問題を議論し、施策を提言するために調査をおこなう機関として国が最初に設置したのは明治三十五年の「国語調査委員会」であり、それが大正十年に「臨時国語調査会」に引き継がれた。この組織の初代会長に森鷗外が就任したことはすでに述べた（三八ページ）。その「臨時国語調査会」が、昭和九年十二月二十一日の勅令によって「国語審議会」という組織に改編された。これを文化庁のホームページでは「官制に基づく国語審議会」と呼んでいるが、それが戦前から戦後まもない時期での国語政策の中心にあり、社会生活で使うべき漢字の字数や字体、それに仮名遣いなどに関する種々の提言をおこなった。

漢字の字体については昭和十三年に「漢字字体整理案」を制定し、また法令や公用文書などで使う漢字を絞りこむ案として、昭和十七年に「標準漢字表」を議決した。これは戦争のまっただなかという時代背景もあって、実際には効力を発揮しなかったが、この案が戦後に引き継がれて、「当用漢字表」の基礎となった。また仮名遣いについても昭和十七年に「新字音仮名遣表」を議決したが、こちらも実施にはいたらなかった。

この官制国語審議会が、戦後まもない時期に驚くべきペースで開催されて、昭和二十一年の「当用漢字表」とそれに関連する音訓や字体に関する表を制定した。そしてその審議会が、昭和二十四年五月の「文部省設置法」に基づいて組織をあらため、昭和二十五年四月の「国語審議会令」によって、新しい国語審議会として再出発することとなった。こちらを文化庁のホームページでは「法律・政令に基づく国語審議会」と呼んでいる。

新しい国語審議会は文部大臣が任命する委員七〇名以内で組織され（特別の事項を調査審議するため必要があるときは臨時委員を置くことができる）、当初は「国語の改善に関する事項」「国語の教育の振興に関する事項」のほか、「ローマ字に関する事項」を調査審議し、建議することと定められた。そして実際に施行された「当用漢字表」関係の施策にまつわるもろもろの問題を扱ったのは、この「法律・政令による国語審議会」であった。

子供の名前に使える漢字

国民の生活と漢字をめぐって、戦後最初に起こった大きな問題は、子供の名前に使える漢字についてだった。

現在の制度では、日本国籍をもつ子は出生後一四日以内に、その子の出生地か本籍地（または届出人の所在地の）市役所・区役所・町村役場に「出生届」を出さなければならないが、そこに記載する子供の名前には、使える文字に法律による制限がある。

その法律とは昭和二十二年十二月に制定された「戸籍法」で、その第五十条に、

子の名には、常用平易な文字を用いなければならない。

とあり、さらにその「二」に、

常用平易な文字の範囲は、法務省令でこれを定める。

と書かれているのがそれである。

名前に関する法律はたったこれだけの、あっけないほど簡単な規定だが、この「戸籍法」が制定されるまで、日本には名前に関してなんの定めもなかった。だから極端なことをいえば、総画で四八画になる「龘」（トウ）や「𩇔」（ドウ）、さらには六四画もある「𪚥」（テツ）などを使っても、社会生活に適合しにくく、また子供から思いきり恨まれるだろうが、それでも別に誰からも文句をいわれるすじあいはなかった。

しかし名前は個人にとっての「看板」であり、その人の生涯にずっとついてまわるものだから、社会的に通用する、わかりやすく親しみを感じさせるものであることがなにより も重要だ。それでこの法律で、子供の名前には「常用平易」な文字を使わなければならないと決められた。「常用平易」とは要するに「よく使われて、わかりやすい」ということだが、しかしどの文字がよく使われていて、わかりやすいと思うか、その判断は人によってまちまちである。

それでこの法律が発効したときには、法務省の省令（各省の大臣が発する命令）によって、ひらがなとカタカナ、それに「当用漢字表」に入っている漢字だけを「常用平易」な文字とした（ほかに長音記号「ー」や繰り返し記号「々」などが使えるが、そば屋ののれんや花札の短冊に書かれている「変体仮名」は使えない）。

ちなみに子供の名前にはＡＢＣなどのローマ字が使えない。国際結婚が増えるにつれて、名前にローマ字を使いたいという希望が当局にたくさん寄せられているらしいが、もしローマ字を認めれば、同じようにハングルやキリル文字、アラビア文字、ギリシア文字、あるいは漢字でも中国の簡体字などを認めないと不公平になるし、もしそれらを認めたら、戸籍はもちろん、学校や会社で名簿を作るときに大変なことになってしまう。それでローマ字を含めて、外国の文字はいっさい使えず、ひらがな・カタカナと一部の漢字しか使えないようになっているわけだ。

しかし「当用漢字表」に収められた漢字は、もともと「法令・公用文書・新聞・雑誌」などで文章を書く際に使える漢字として選ばれたものであった。それがそのまま人名に使われる「常用平易」な漢字と指定されたわけだが、しかしこれはよく考えればおかしな話であって、一般的な社会生活で使う漢字と、人の名前に使われる漢字は、本来性格がことなったものであるはずだ。たとえば「死」とか「病」、「尿」、「苦」、「貧」などは一般的な文章を書くときにはなくてはならない漢字だが、しかし人名に使うにはふさわしくない。

それにそもそも「当用漢字表」は固有名詞を対象としていない。もしある人の姓に使われている漢字が「当用漢字表」にないという理由で強制的に姓を改めさせられたら、それはまさに人権問題である。市町村の名称など地名に使われている漢字がもし同じ理由で改められたら、社会は混乱するにちがいないし、その地域の歴史的記録や文化遺産などとも大きな断絶が起こってしまう。それゆえに「当用漢字表」は固有名詞を対象としないこととなっており、そのことは同表の「まえがき」に「固有名詞については、法規上その他に関係するところが大きいので、別に考えることとした」とはっきり書かれている。

「当用漢字表」はこのように人名を含む固有名詞を対象外として作られたものだったが、それにもかかわらず、戸籍を管轄する法務省は「当用漢字表」にそのままのっかって、それを人名に使える「常用平易」な漢字の枠と定めた。

その時代には「当用漢字表」以外に漢字の集合を定めたものがなかったから、あるいはそれはやむを得ない措置だったのかもしれない。そして法務省としては、同表が固有名詞を対象外としていることを承知しつつも（それは「まえがき」を見ればわかる）、これから先に作られる地名や人名について当用漢字の範囲内で漢字を使っていけば、やがて固有名詞もすべて当用漢字の範囲内におさまるはずである、とでも考えたのであろうか。

ともあれこうして、これからの人名（姓はのぞく）は「当用漢字表」所収の範囲内で漢字を使うように、と最初は規定された。しかしそんな役所の思惑が一般国民にたやすく受け入れられ、人々がその状態に甘んじているわけがない。子供の名前は、その子の両親や祖父母が子供の将来の幸福を願いつつ、いろんな書物を調べたり、知人などと相談したりして、真剣に漢字に立ち向かって決めるものである。法令や公文書のように、ある漢字が使えないのならその部分をひらがなで「交ぜ書き」しておけばよい、というものでは断じてない。子供への命名は、ある意味では日本人がもっとも真剣に漢字の意味や音を考える場であるともいえるだろう。そんな大切なことなのに、役所の都合だけで使える文字の範囲を決められてはたまらない、というのが率直な国民感情だった。さんざん悩んで考えた名前が範囲外の文字を使っているという理由で役所に受理されないとなれば、申請者はそう簡単には納得しないだろうし、ときには訴訟にまで発展することもあった。

もともと「当用漢字表」は終戦直後に占領軍主導の政策で決められた漢字制限のための規格だから、収録されている漢字の種類が少なすぎるという批判が当初からあった。さらにくわえて、そこには「弘」や「宏」、「昌」、「彦」のように、これまでの日本人の名前にはごくふつうに、それも頻繁に使われていた漢字が含まれていなかったことも大きな問題だった。これらの漢字は一般的な語彙を作るための造語力が小さく、ほとんど固有名詞専用の漢字であるということから、「当用漢字表」に入らなかったのである。

このようなわけで、やがて国民の各層からもっといろんな漢字を名前に使えるようにせよとの要望が出てきた。その問題が昭和二十六年の衆議院法務委員会懇談会で取りあげられたとき、人名に使える漢字を大幅に制限するのは行きすぎであるとの意見が大勢をしめた。

そんな流れをうけて、国語審議会にも固有名詞を専門に検討する部会が設けられた。そこで人名に使える漢字の問題が議論され、「子の名の文字には社会慣習や特殊事情もあるので、現在のところなお、当用漢字表以外に若干の漢字を用いるのはやむを得ない」として、「当用漢字表」に入っている漢字のほかに、人名に用いてもさしつかえないと認められる漢字を次のように定めて文部大臣に建議した。

丑・丞・乃・之・也・亙・亥・亦・亨・亮・仙・伊・匡・卯・只・吾・呂・哉・嘉・
圭・奈・宏・寅・尚・巖・巳・庄・弘・弥・彦・悌・敦・昌・晃・晋・智・暢・朋・
杉・桂・桐・楠・橘・欣・欽・毅・浩・淳・熊・爾・猪・玲・琢・瑞・甚・睦・磨・

磯・祐・禄・禎・稔・穣・綾・惣・聡・肇・胤・艶・蔦・藤・蘭・虎・蝶・輔・辰・郁・酉・錦・鎌・靖・須・馨・駒・鯉・鯛・鶴・鹿・麿・斉・龍・亀

この九二字が昭和二十六年五月に「人名用漢字別表」としてまとめられ、名前に使えるようになった。いま人名に頻繁に見かける「亮」や「哉」、「圭」、「奈」、「宏」、「彦」、「昌」、「晃」、「晋」、「智」、「朋」、「浩」、「玲」、「祐」、「稔」、「綾」、「聡」などは、昭和二十三年からあとしばらくは名前に使えなかったのが、この表によって使えるようになった。だからこれらの漢字が名前についている年配の人なら、名前に使える漢字が無制限だった戸籍法制定前に生まれたか、あるいは二十六年五月の人名用漢字制定以後に生まれたかのどちらかである。人名用漢字はこのように、場合によっては特定の世代における年齢を推定する手がかりになることもあるのだが、それはともかくとして、いまから思えば「浩」や「彦」などが名前に使えなかった時期があるということ自体が、非常に不思議な感じがする。

このとき制定された「人名用漢字」は、それからも時代の思潮を反映してしばしば追加がおこなわれた。なお「常用漢字表」が制定された昭和五十六年には人名用漢字の所管が法務省に移って、名称も「戸籍法施行規則」の「別表」となった。

昭和五十一年七月　二八字を追加、一二〇字となる

五十六年十月　常用漢字表に入った八字を削除
　　五四字を追加、計一六六字となる
平成二年四月　一一八字を追加、二八四字となる
九年十二月　一字（「琉」）を追加、二八五字となる
十六年二月　一字（「曽」）を追加
同　六月　一字（「獅」）を追加
同　七月　三字（「毘」「瀧」「駕」）を追加、二九〇字となる
同　九月　許容字体からの二〇五字と、あらたに四八八字を追加、
　　全部で九八三字となる
二十一年四月　「祷」「穹」の二字を追加、九八五字となる

自分の子供の名前に使いたいと人々が考える漢字には、それぞれの時代ごとの思想や感性、あるいは流行を背景としたニーズがあり、法務省はそれに対応して、しかるべき時期に人名用漢字を追加してきた。それは比較的迅速な対応であったと思えるが、それでも世間には許容されていない漢字を使った名前を申請する人がたくさんおられ、それがニュースになったり、裁判で争われることも珍しくない。

とくに少子化の時代においては、子供の名前を考えるのに両親や関係者がたっぷり努力を注ぐらしく、ちかごろはとりわけ凝りに凝った名前が多いようだ。幼稚園の教諭をして

いる三〇代の知人が、このごろの園児の名前にはアイディアに感心したり、あるいはあきれたりするものが非常に多いと話していたが、私のような世代の者には、過度に「モダン」（むしろ「ハイカラ」というべきか）で、おしゃれな（むしろ「奇抜」というべきか）名前に感じられるものがたくさんある。そんな名前は、エピソードにことかかない。

最近の名前あれこれ

新聞記事（『朝日新聞』平成十九年十月十一日付夕刊「響き優先　今時の命名」）で読んだ話だが、「一二三」と書いて「ワルツ」と読む名前の子供がいるらしい。おそらく音楽愛好家の家に生まれた子供だろう。耳にここちよいきれいな名前だと思うし、幼いころはかわいいイメージでとらえられるだろうが、しかしその人は七〇歳になっても八〇歳になっても「ワルツ」さんであると思うと、いささか奇異な感じがする。それでもワルツさんが「騎士」（ナイト）くんという名前の男性と結婚するかもしれないし、彼女の友達が「留樹」（ルージュ）さんだったり、「月奈」（ルナ）さんだったり、「新星」（ネオ）さんであったりすることもおおいに考えられるから、別に違和感もないのかもしれない。どのみちワルツさんが高齢になるころまで私が生きているはずもないから、まぁ大きなお世話というところだろう。

平成十六年、法務省にあらたに人名用漢字の追加候補を審議する委員会を設置して、人名用漢字を大量に追加することとなった。その会議に私も委員として参加していたが、そこで「苺」という漢字が追加候補として話題になった。娘や孫の名前にぜひこの漢字を使いたいという要望が、全国各地の法務局にたくさん寄せられていたそうで、とくに栃木や福岡・静岡などイチゴの生産農家が多い地域の法務局からは、ぜひとも人名に使えるようにとの希望が強かったとのことだった。

「苺」は「常用漢字表」には入っていないが、社会的には「常用」でもあり「平易」な漢字でもあるから、人名に使うことにはなんの問題もなく、思えばこれまでこの漢字を使えなかったことのほうが不思議でもあった。イチゴは商品としてはカタカナで書かれることも多いが、名前に使う場合は当然漢字が使われる。このときに「人名用漢字別表」へ追加されたことによって、いまではすでにたくさんの「苺ちゃん」が戸籍に登録されているにちがいない。

イチゴを表す漢字には「苺」と「莓」の二つがあって、いまの中国では「莓」を、日本では「苺」を使う。かつての漢字の伝統的な規範を示すと意識された『康熙字典』によれば、「苺」はイチゴを、「莓」はキイチゴを表したようだ。しかし品種ごとに漢字を使いわけるのは、生産業者にも消費者にもはなはだ迷惑なことなので、それで日本でも中国でも、どちらか一つの漢字だけを使うようになった。

「苺」は植物を表す《艸》(クサカンムリ)と《母》でできているが、《母》は文字全体の発音を表す働きとともに、イチゴの形が母親の乳房に似ていることも表しているという解釈もある。平成十六年に人名用漢字となった「苺」を使った「苺ちゃん」たちはいまはまだそれほど年をとってはいないが、やがて母親になったとき、自分の名前にゆかりがある母性器官で、子供をやさしくはぐくんでいくことだろう。だが色気ない中年から初老の男性が圧倒的多数を占めていた人名用漢字検討委員会では、「苺」についてこんな素敵な議論がおこなわれることもなく、シャンシャンと「合格」が決まったのであった。

「苺」という漢字に象徴されるように、果物や植物に関係する漢字を子の名に使いたいという希望が世間には多いらしく、「撫」を子供の名前に使いたいという希望もかなり強かったようだ。「撫」は「愛撫」ということばにも使われるが、しかしこれを名前に使うのは、ほとんどの場合「撫子《なでしこ》」という花の名前からの連想と思われる。

電車のなかなど人前であるにもかかわらず大きな鏡を取りだし、周囲の目などまったく気にせず、平然かつ堂々と念入りな化粧をする若い女性がいたるところに氾濫するいまの日本ではすでに死語になりつつあると思っていたら、日本サッカー協会が組織した女子サッカーのナショナルチームが「なでしこジャパン」と呼ばれるようになった。現代の「なでしこ」たちはグラウンドを走りまわっているが、かつては女性の美徳とされた清らかさとしとやかさを備えもった女性を「やまとなでしこ」と表現した。このことばに使われている「ナデシコ」という植物は実際には種類が多く、母の日でおなじみのカーネーションもその仲間である。ハギやオミナエシとともに「秋の七草」のひとつに数えられる「ナデシコ」は、正しくは「カワラナデシコ」という種類だそうだ。

ナデシコには渡来種と日本固有の在来種があって、平安時代に中国から渡来した「セキチク」（漢字では「石竹」と書く）を「唐撫子（からなでしこ）」と呼んだのに対し、日本固有の品種を「大和撫子」と呼んだ。

この渡来種と在来種の比較について、『枕草子』（六七段）に「草の花はなでしこ、唐のはさらなり、大和のもいとめでたし」と書かれている。女性の美称として「大和撫子」といわれるようになったのはどうやらこのあたりがルーツのようだが、それにしても「撫」が人名用漢字に入ったことで、絶滅した「大和撫子」が復活するだろうか。

私個人はぜひそうなってほしいと切望するが、「名は体を表」さない実例が身のまわりのいたるところにあるのが心配だ。ちなみにナデシコを漢字で「撫子」と書くのは、可憐な花のありさまがつい頭を撫でてやりたくなるほどかわいらしい子供を思わせることからだというが、現代版の「なでしこ」をうっかり「なでなで」すれば、セクハラで訴えられる危険もあるから注意が必要だ。

余談ついでにもう一つだけ。人名用漢字追加候補を検討するための委員会に出ていて、「凜」という漢字が女の子の名前に人気があると聞いたときにはちょっと驚いた。

「凜」は「氷」を意味する《冫》（ニスイ）と発音を表す《稟》（リン）からできた形声文

字で、もともとは「寒い」ことを意味し、そこから「すさまじい」とか「厳しい」という意味に使われる。どちらかといえば男の子の名前に向いているような気が私にはするのだが、テレビドラマで少女の名前に使われたことが人気の背景にあるらしい。

ところで「凜」は平成二年の段階で追加された人名用漢字だが、この字には右下にある《禾》の部分を《示》と書く「凛」という異体字があり、そちらも名前に使いたいという要望が、これまで窓口に多く寄せられていた。それで平成十六年の省令改正で、「凛」も人名用漢字に追加された。つまり「凜」も「凛」もどちらも使えるようになったというわけだ。かつて人名に使える漢字には「一字種一字体」という原則があったが、この「凛」を含めて、いまではいくつかの漢字について複数の字体が使えるようになっている。「凛」は「凜」の俗字体だが、いまの日本で字体の正俗にこだわる人などほとんどいない。「凜」よりも「凛」の方がかっこいいと考える人も、それなりにたくさんおられるということなのだろう。しかし「凛」ちゃんと「凜」ちゃんがどちらも学校に入ったときに、名簿では「凜」と「凛」が区別されることになる。先生たちはきっと苦労されるだろう。思えば気の毒なことである。

2−2 それからの「当用漢字表」

当用漢字表に対する補正と新聞界

法律・政令に基づく新しい国語審議会では、国語白書作成・漢字・固有名詞・話しことば・敬語・公用文法律用語・ローマ字教育についての部会が第一期に設けられ、「漢字部会」では東京大学教授であった国語学者の時枝誠記《もとき》が部会長に就任した。時枝は第一回部会でこれから漢字を扱う方針を、「当用漢字表」との関連において、

漢字部会はまず「当用漢字表」を補正するかしないかを問題として取りあげる。そこで「当用漢字表」の性格を吟味するために、制定当時の訓令・文部大臣談・当局談などを材料として検討し、

1）当用漢字表は、法令・公用文書・新聞・雑誌および一般社会で使用する漢字の範囲を示したもので、したがって漢字の制限表である。

2）当用漢字表は時代によって動くものであることが予想されるがその字数はしだいに減らし、教育漢字程度までにすることが理想とされている。

3）当用漢字表にない文字は、かなで書き表わさなければならない。したがって「当用漢字表」とかなとの抱き合わせを認めるものである。

と総括し、それに基づいてなんらかの形で「当用漢字表」の補正を考えるべきであるという意見で合意した。

しかし委員のあいだでは見解がことなり、とくに字数が一八五〇字以上になってもいいかどうかと、熟語における「漢字・かなの抱き合わせ」（交ぜ書きのこと）を認めるかどうかについては、容易にまとまらなかったという。

続く第二期国語審議会でも漢字・表記・標準語・法律公用文・固有名詞・術語の六部会が設けられたが、漢字部会は時枝（審議会委員には参加している）に代わって、東京教育大学講師の原富男が部会長を務めた。このときの部会は審議にあたって、まず「当用漢字表」を制定当時の精神にそって守りぬくことを基本的態度として確認し、そのためにこれまでの経験をふまえて若干の修正を施さなければならないと承認した。

この期の漢字部会に、日本新聞協会から「当用漢字補正に関する新聞社の意見の集計」というものが提出された。それは日本新聞協会が全国一六社の用語担当者による新聞用語懇談会を開催した折に（昭和二十八年二月）、「当用漢字表」の補正を審議会に具申するためにまとめたもので、意見を集約した結果として、「当用漢字表」から削除すべきものとして五一字、追加すべきものとして一六六字をあげている。
「当用漢字表」には一八五〇の漢字が収録されているのだが、そこになお約一割の数の漢字を追加せよというのだから、それはまことに大胆な提言であった。しかし漢字部会はこの要望を社会の現実を反映している客観的材料と考え、あわせて「日本国憲法に使われている漢字のうち、国民常用でない難解な字は削る。これは憲法を蔑視することにはならない」という了解のもとにこの提案を審議した。

漢字部会はその審議結果を、昭和二十九年三月に開かれた国語審議会第二〇回総会に、「当用漢字補正資料」という名称で報告した。その補正内容は原表から二八字を削り、別に二八字を追加すべきというものだった。ここで削るべきとされた漢字は、

且・丹・但・劾・又・唐・嚇・堪・奴・寡・悦・朕・濫・煩・爵・璽・箇・罷・脹・虞・謁・迅・逓・遵・錬・附・隷・頒

であり、逆に「当用漢字表」（音訓表・字体表を含む）に加えるべき漢字として、

亭（テイ）　俸（ホウ）　偵（テイ）　僕（ボク）
厄（ヤク）　堀（ほり）　壌（ジョウ）　宵（ショウ／よい）

尚（ショウ）　戻（もどす）　披（ヒ）　挑（チョウ）
据（すえる）　朴（ボク）　杉（すぎ）　桟（サン）
殻（カク／から）　汁（ジュウ／しる）　泥（デイ／どろ）　洪（コウ）
涯（ガイ）　渦（カ／うず）　渓（ケイ）　矯（キョウ）
酌（シャク）　釣（つり）　斉（セイ）　竜（リュウ）

があげられている。

さらに「音訓を加える字、字体を改め音訓を加える字」として「個（コ）↓個（コ・カ）」と「燈（トウ）↓灯（トウ／ひ）」があげられた。

なぜこのように「補正」をおこなう必要があったのか、その理由については、

（一）削る字については、日常生活であまり使われない字、使われても言いかえ・かな書きが可能なものは削ることにしている。この中に憲法の字がかなり含まれており、これは、「まえがき」の「この表は、法令・公用文書・新聞・雑誌および一般社会で、使用する漢字の範囲を示したものである」に触れるかもしれないので、この論理を展開すると当用漢字の性格が変ったとも考えられる。

（二）加える字については、現在のところ新聞等で必要があろうと認められた字で、音

訓・字体をも含めて考慮したものである。

（三）音訓を加える字、字体を改め音訓を加える字については、「個」に音「カ」を加えたのは、「箇」をけずるために「箇条」が書けなくなったのを、「個条」と書くためである。また、「灯」が必要であるという要求が強く、略字体としての「灯」を採用し、訓に「ひ」を認めたのは、日常使っているためにやむを得ないと考えたからである。

と述べているが、この削除と追加は、実際にはそれほど周到に検討された結果ではなかったと思われる。というのは、その報告のなかに「補正資料」の性格として、

この補正案の取扱については、今ただちに建議して、当用漢字表の告示の改正等の具体的手続をとることは影響が大きく、種々の困難が予想されるので、この際、部会としては、そのような処置は希望しない。

この成果の一字一字については御意見もあろうが、漢字の性質上それぞれの意見に相当の根拠があるため、ここで討議してもきりがないことと考える。部会としては、それをやり尽くして、この形にまとめあげたことを付け加える。

この成果について、部会の報告がまことに了として御承認くだされればありがたい。この案により、たとえば、新聞社などの普及力をもつ報道機関が取り上げて、実験的に使

っていただければ幸である。その実施の結果については、後日の考慮に譲りたいと考える。

成案は、印刷前に部会外の意見を求める予定であったが、時日の関係もあり、ついに外部の意見を聞くことができなかった次第である。

という、なんとも歯切れの悪い文章が述べられているからだ。ここでいわれているのは、この「補正案」を「当用漢字表」の改定という形で世間に公表するのは影響が大きすぎるので、まず報道機関に試験的に使わせて社会の反応を見ようということと、報告前に部外の意見を聞くことが時間の関係でできなかった、ということにすぎない。

そしてそこに述べられているように、「補正案」は単に国語審議会第二〇回総会で、「外来語の表記」や「ローマ字教育」「ローマ字文のわかち書き」「標準語」などの諸問題とともに「報告」されたままで終わっているから、社会に対する拘束力や強制力はまったくない。さらには国語審議会によるこれまでの答申や建議を収録した『国語関係答申・建議集』（文化庁文化部国語課編　二〇〇七）にも、この報告は収載されていない。

しかし新聞業界の方は、もともと自分たちが具申したものが修正の上で採択されたわけだから、大喜びであった。日本新聞協会加盟の各新聞社・通信社は、この「補正案」が報告されるとすぐに会議を開いて採用を決定し、それを『新聞用語言いかえ集』（日本新聞協会新聞用語懇談会編）に整理して、昭和二十九年四月一日より新聞紙面で一斉に実施した。

ちなみにいまの新聞で「かじょうがき」を「箇条書」ではなく「個条書」、「ぼうちょう」を「膨脹」ではなく「膨張」という表記にするのは、これがそのルーツである。ほかにも「遵守」や「遵法」などがそれぞれ「順守」・「順法」と書かれたり、「附属」を「付属」、「濫用」を「乱用」と書くようになったのは、この補正資料を新聞業界が採用したからにほかならない。

しかし文部省はこの「当用漢字補正案」をあくまでも試案としかしなかったため、これ以後の新聞では政府の漢字施策で決められた規格とことなった漢字やことばの使い方が見られる。それは後年の「常用漢字表」制定以後も基本的に同じことで、新聞記事と公用文や教科書とのあいだで、ことなった表記がずっと続くこととなった。ちなみに現在の新聞やテレビ放送での用字用語は、日本新聞協会の新聞用語懇談会に新聞・通信・放送各社の用語委員が集まって審議している。報道各社はその懇談会での審議の結果を尊重し、それぞれ自社用の記者ハンドブックを編集し、それを基準に文字やことばの使い方を定めているが、具体的な使い方においては、政府の規格と合わないものもある。

2-3　表音派と表意派の対立

漢字廃止論の隆盛

終戦直後の国語審議会では、GHQからの提言もあって、これからの日本語はローマ字で書くべきだと考える委員や、あるいは漢字を全面的に廃止して、すべてひらがなかカタカナで書くべきだとの意見をもつ委員の発言力が大きかった。

法律・政令による新しい「国語審議会」において第一期から第五期まで会長職にあった歌人の土岐善麿は、若い頃に『NAKIWARAI』とか『MUKASIBANASI』（ともに「ローマ字ひろめ会」より刊行）というタイトルで、ローマ字綴り一首三行書きという異色の歌集を出しているほどのローマ字論者だったし、委員には「カナモジカイ」理事長であった星《ほし》野行則《のゆきのり》や、その後任として「カナモジカイ」を率いた松坂忠則、さらには伊藤忠商事元会長で、そのころ国立国語研究所評議員でもあった伊藤忠兵衛など、カナモジ論者の顔ぶれが並んだ。

また昭和二十五年には、前年に設置された「ローマ字調査審議会」を吸収するかたちで国語審議会に「ローマ字調査分科審議会」が設置され、さらにその下部組織としてローマ字のつづり方と分ち書きに関する二つの部会が設けられた。それがのちに国語審議会の一部会として、「ローマ字教育部会」となった。

おりしも海の向こうの中華人民共和国では、一九五〇年代なかばから、大規模な言語と文字の改革がおこなわれようとしていた。毛沢東と中国共産党が率いる政権とはまだ国交はなかったものの、中国では漢字に対する大胆な簡略化や「拼音《ピンイン》文字」という表音システムの開発がおこなわれている、という話も日本に伝わってきた。終戦直後から国語審議会の委員をつとめ、中国語学の権威として知られていた倉石武四郎（東京大学教授）が、昭和三十三年五月に『漢字からローマ字へ――中国の文字改革と日本』（弘文堂）という書物を刊行した。倉石にはそれまでにも『漢字の運命』（岩波新書　一九五二）という著述があり、早くから中国の文字改革運動に注目していた。倉石は毛沢東が一九五〇年に出した「文字はかならず改革し、世界文字共通の表音文字化への方向に進まなければならぬ」というスローガンを日本に伝え、中国では漢字がほどなく消滅するであろうとの考えを述べていた。

そんな主張に連動して、漢字制限をより強力に進めて使える漢字を少なくし、最終的には漢字をまったく使わず、表音文字だけで日本語を書くべきだとする意見が国語審議会でも積極的に主張されていた。

そのころには通常の文章だけでなく、地名や人名も仮名で書くべきだとまで考えられていた。昭和三十六年三月に開かれた第五期の審議会で報告された「地名・人名のかな書きについて」に次のように述べられている。


今日、世間では、地名・人名をかな書きにする向きがふえてきた。

こういう現状にかんがみ（中略）、一般に、地名・人名は、さしつかえない限り、かな書きにしてもよいのだ、という見解をはっきりさせることの必要を認める。

ただし、かな書きにしてもよい場合をいちいち列挙することは、事実上不可能である。したがって、適用の範囲や場面は、けっきょく、当事者の判定にまたなければならないであろう。

なお、かな書きにする場合のかなづかいは、現代かなづかいによることが望ましい。また、文章は普通ひらがなで書かれているので、そこに地名・人名をかなで書く場合には、かたかなで書くほうが読みやすいと思われる。（ここで、地名・人名というのは、日本の地名・人名にいちおう限定している。）


審議会でこの議論に賛成した人は、自分の住所や名前が仮名で書かれることにまったく抵抗を感じない、ということなのだろう。審議会の委員ならおそらく名刺を持っていただろうが、その名刺の住所と名前の部分がカタカナで書かれていても、彼らはなんの痛痒も感じなかったのだろうか？　ぜひとも本音を聞いてみたいところである。そして当時はともかくとして、現代においてその意見に賛成する人はいったいどれくらいおられるだろうか。いずれにせよ私は、この「地名・人名のかな書きについて」という報告が内閣によって正式に採択されなかったことを心から喜びたい。

漢字擁護派の抵抗

ところで国語審議会委員のすべてが、漢字の廃止を目指していたわけではない。委員のなかには少数派ではあったものの、漢字廃止や漢字制限そのものに反対する意見をもっている人もいた。また委員には入っていないが、保守派の論客で、シェイクスピアの戯曲の翻訳でも知られる福田恆存《つねあり》などが、「國語問題協議會」を舞台として、国語審議会における議論に対してしばしば鋭い批判を展開した。福田が所属した「國語問題協議會」とは、昭和三十四年七月に発表された「『送りがなのつけ方』の実施について」の批判に端を発して、日経新聞の記者から社長にまでなったジャーナリスト小汀利得《おばまとしえ》や福田らが国語問題に関心をもつ人々によびかけて作った組織で、この会はいまに至るまで一貫して「正字正かな」（旧字体と歴史的仮名遣い）による表記を主張して活動をおこなっている。

ここであらためて書くのもおかしなことだが、「当用漢字表」が制定され、さらにその運用上の問題を考えていた時期においても、漢字には以下のようなメリットが存在すると主張されていた。

① 漢字は非常に早い時代から、いまから一千年以上も前の時代から日本文化とともにあって、多くの重要な記録や芸術作品などを残してきた。このように千数百年にわたる伝統を持つ文化の根源を断ち切ることは、日本の文化的独自性を完全に否定してしまうことにほかならない。

② 現代の日本語でも、使われている単語の半分以上が漢語、もしくは漢語に由来するものである。もしそれを表記するのに漢語によらず、「やまとことば」をかなで書くなら、意味を理解することがかなり面倒で、まどろっこしくなる。

喫煙所 ↓ たばこを　すえる　ところ

百科事典 ↓ さまざまな　ことを　ときあかす　ふみ

哲学者 ↓ ものごとの　ことわりを　かんがえる　ひと

③ 漢字は視覚的な印象がきわめて明確な文字で、ぱっと見た瞬間に意味がわかる。たとえば次の組みあわせの表記では、どれがもっともわかりやすいかを考えれば、答えは自明である。

じてんしゃおきば　jitensha-okiba　自転車置場

おおがたこうりてんぽ　ôgata kouri tempo　大型小売店舗

しんさくひんはっぴょうかい　shinsakuhin happyôkai　新作品発表会
こうしゅうえいせい　kôshû eisei　公衆衛生

④　漢字は表意文字だから、それぞれの文字の意味を組みあわせることで新しい造語が可能であり、しかも意味の理解が容易である。
配給物品統制管理所所有資材運搬担当責任者控室
高等学校野球全国大会報道準備委員会開催通知発送時期再検討
限定生産純米吟醸酒特別販売価格改定反対消費者連合結成大会

⑤　「当用漢字表」は使える漢字を制限すると同時に、また個別の字形を簡略化しようとする意図をもつものだった。当用漢字に含まれた漢字のなかには、たとえば「國」を「国」に、「數」を「数」に、「學」を「学」に、「樂」を「楽」にするなど、いくつかの漢字について従来は俗字体と認定されていた字体を規範的な字体と認定し、それが学校教育を通じて社会に定着した。しかし旧字体が使われている戦前の書物が、時間の経過とともに多くの大学生に読めなくなっているという現実を、社会はもっと深刻に受けとめる必要がある。数百年前の書物ではなく、たかだか数十年前の漱石や鷗外、芥川などの作品が大学生にとって「古典」となりつつあることは、文化国家にとってはまことに由々しき事態である。

審議会にはこのような見解をもつ委員も参加していた。彼らは、土岐会長をはじめとする「表音派」が多数をしめ、彼らが考える方向に議論が集約される状況をこころよく思っていなかった。漢字を擁護する立場に立つ委員を、当時は「表意派」と呼んだ。

そしてついに「表音派」と「表意派」の対立が極点に達するときがきた。それは第五期の最後の総会で、次期委員を決める手順に関してであった（昭和三十六年三月）。

昭和二十五年四月に発効した「国語審議会令」の第三条に「委員及び臨時委員は、政治、教育、学術、文化、報道、経済等の各界における学識経験のある者及び関係各庁の職員につき、文部大臣が定める方法で推薦された者のうちから、文部大臣が任命する」と定められており、この規定にもとづいて、それまでは現委員から互選した七人以上一五人以内で構成される「国語審議会委員等推薦協議会」が作られて、その組織が次期委員を推薦することとなっていた。しかし「表音派」が多数をしめる状態でこのような推薦方法を実施すれば、毎回同じ顔ぶれの委員が選出され、いつまでも「表音派」優勢の状態が変わらないと、委員であった作家の舟橋聖一が強く反対した。舟橋の発言が、そのときの議事録になまなましく残っている。

舟橋委員　前の推薦協議会では、表意主義者の立場をとる者は、舟橋ひとりである。（中略）推薦協議会を作れば、それでもう公正な人選ができるはずであるというのは俗論である。このまま推薦協議会を作れば、前と同じものになることは明らかなことである。そこで、今までと違った公正な審議機関を作り出すための公平な選び方をあくまでも主張する立場からは、現状維持の国語審議会からの互選では、その目的を達することができないということである。この点、じゅうぶんの考慮を払ったうえで、選出方法の討議に移っていただきたい。

この発言に会長などから反論的な説明がおこなわれたのに対して、舟橋はさらに発言する。

舟橋委員 わたくしは、この前の総会のときも申し上げたが、推薦協議会のメンバーを選出するのに、今日の現在の国語審議会のこのメンバーをもとにして、その互選という方法で選ぶのでは、公正なことはできないと思うので、今までとは別の方法によって推薦協議会を作っていただきたいという主張をくり返し述べたのである。しかし、これだけ申し上げても、それはできないこととして取り上げていただけない。(中略) 今までどおりの、いつもの形で互選が行なわれる場合には、残念ながらこの席から退場する。人数などのことを決めるよりも先に、どういう考えでやられるかということをはっきり伺いたい。それによって進退を決したい。

舟橋のほかにも塩田良平（大正大学教授）、宇野精一（東京大学教授）、山岸徳平（実践女子大学長）、成瀬正勝（東京大学教授）など「表意派」委員が同調して会場から退席し、翌日には審議会と絶縁する声明を出した。これに対して荒木萬壽夫文部大臣が記者会見を開き、審議会委員の選出方法と国語改革の実施方法を再検討したいと語った。この一連の経緯と展開は新聞でも大きく報道され、さらにNHK総合テレビが四月から六月のあいだ三回にわたって特別番組を放送するほど、世間的に大きな注目を集めることとなった。

こうしてすったもんだしたあげくに、第六期国語審議会からはこれまで「表音派」として審議会の中心にいた土岐善麿や松坂忠則の名が消え、阿部眞之助（日本放送協会会長）が会長となった。ほかにも井深大《いぶかまさる》（ソニー社長）、細川隆元（評論家）、森戸辰男（日本育英会会長）、瀧川幸辰《ゆきとき》（京都大学総長）などが委員として参加しているが、その顔ぶれは、委員の任命にあたっては表音派と表意派と中立派がそれぞれほぼ同じくらいの数になるようにと配慮がおこなわれた結果である。

吉田富三の提案

これまでの委員会とはかなり雰囲気が変わった第六期国語審議会に、吉田富三という委員がいた。吉田は国語や漢字の研究とはほとんど無縁の病理学者で、とくにガンの研究で大きな業績をあげた医学者であった。昭和三十四年には文化勲章を、同三十八年にはロベルト・コッホ賞コッホ・ゴールドメダル（ドイツで最も名声の高い賞で、主に微生物学・免疫学分野における業績にあたえられる。ゴールドメダルは医学研究において優れた業績の蓄積がある者に対してあたえられる）を受けている優れた医学者だった。国語審議会の委員になったときには、東京大学医学部長の任にあった。

吉田富三は続いて第七期にも委員として参加し、三十九年三月の総会において、「国語は、漢字仮名交り文を以て、その表記の正則とする」ことを、国語審議会の基本方針として声明を出すべきだという提案をおこなった。日本語を書くのに漢字仮名交じり文が基本であるのは当たり前ではないか、と私たちは考えるが、しかしそのことを国語審議会で正面から提起したのはこのときの吉田が実ははじめてだったのである。

この吉田提案は、次のようなものだった（議事録の記録をそのまま引用する）。

国語審議会が審議する「国語」を規定し、これを公表することに就いて

提案者　委員　吉田富三　昭和三十九年三月十三日

議案

——国語審議会が「国語」に関して審議する立場を、次の如く規定して、これを公表する。

「国語は、漢字仮名交りを以て、その表記の正則とする。国語審議会は、この前提の下に、国語の改善を審議するものである。」

提案理由

提案の問題の主体は、話し言葉にではなく、国語の表記にあります。換言すれば、如何なる文字を以てするのを国語表記の正則とするか、その点を明示する事であります。

いかにも自明の事を、ことさらに問題とする様に見えるかも知れませんが、明治以来今日に続く国語問題の紛糾は、その根元に於て、右の一点をあいまいにしたまま、ときには意識的に不問に附したまま、論議を重ねて来たところに、その原因を有すると考へられます。

国語問題と国語国字問題とが、しばしば同議《ママ》であるのは、国語問題の本質をなすものは、文字その者《ママ》である事を物語ります。その文字のうちでも、漢字が特に問題である事は、既に明白であります。

明治の初頭に於て、始めて西洋文明に接して起つた国語問題は、先づ漢字全廃論を以て始まりました。国語の表記を仮名文字・ローマ字等の表音文字表記に変へようとする論或は運動は、必然的にこれに伴ひました。この「漢字全廃」を究極の目標に置いて、その中間手段として、漢字の制限、仮名づかひの表音化等の運動が起りました。

政府の国語政策は、時勢、国運、思想の動向等によつて、変動、浮沈があり、国語問題の審議にも紆余曲折がありましたが、要するに、国語問題、国語政策を引き廻はし、その紛糾の原因をなしたものは、表面に出ると出ないとに拘らず、明確に意識されるとされないとに拘らず、漢字全廃論に根ざした国語改革思想でありました。この事は、国語問題の歴史からみて否定し得ないところで、今日に到るまで同じ線で続いてゐます。

併し、提案者個人にとつては、漢字仮名交り文を以て表記する言葉以外のものを、「日本語」として念頭に描くことはできないのであります。日本語から漢字と仮名とを取り去り、「音」だけを残し、これを如何なる表音文字、または記号を以て表記してみても、それを「国語」と考へることはできません。

勿論、これは飽くまで私見であります。国語学或は言語学を専門としない一人の日本人の感覚に過ぎませんから、議論はあると思ひます。そこで提案者の願ふのは、果して議案に述べた様に「国語」或は「国語問題」を規定して、これを国語審議会の名に於て広く公表することができるものかどうか、その審議であります。

審議の結果、この大前提が明示されることになるならば、それは、漢字と仮名とは国語表記の要素、即ち「国字」である事が確認された事を意味しますから、漢字の使用に対して、或る範囲の制限をつける施策にしても、その限界は、現実に即して、自ら余裕のあるものとならざるを得ないでせう。仮名づかひの問題にしても、単に発言通りに近づけるだけの目的のために、無理を敢てしないでもすむ様になりませう。漢字と仮名とを、日本語の文字、即ち国字として、最大に尊重しながら、その上で、国語の表記を、正確に、平明に、美しくするための審議は、広く日本人の良識に訴へて、楽しく、漸進的方法を以て進められる様になるでありませう。国語教育に於ても、先づ子供たちに何を教へるべきか、何に拠らしむべきか、教育の基本が確立され得るでありませう。

世には、国語を愛し、従つて政府の国語政策に対しては、多大の関心を以てこれを見張てゐる人々が、決して少くはありません。またこれらの人々のうちには、国語問題のこれまでの経過に鑑み、政府の基本的態度に不審の念を抱いてゐる考も少くありません。—いま国語問題は、如何なる根本理念により、何を目標として、審議されてゐるのであるか。平たく言へば、政府は我々の国語を何処へ持つて行かうとしてゐるのか。そこに疑惑の念を抱いてゐる人は決して少くありません。今もし、国語の表記と国字に関する基本的立場が、上述の如くに明示されるならば、これらの年来の疑惑は一掃され、国語は全国民と共にその本来の明るい大道を歩み、全国民の手によつて、正しく、美しいものに育てられて行く様になるだらうと思ひます。

但し、この提案は、国語を、場合によつて、ローマ字、カナモジ等を以て表記し、伝達・通信の利便と能率の向上とに資する方法の活用と研究とを排するが如き意図は、毛頭これを有するものではありません。むしろ、これらの副次的国語表記の研究と、より有効な方法の開発とは、益々助成、奨励さるべきものであると考へてゐます。併し、飽くまで留意すべきは、これらはどこまでも副次的、便宜的表記法であつて、国語の正則の表記の問題とは別個である点だと思ひます。国語は、国の文化の根元であり、一人々の国民の思想その者《ママ》であります。「国語」によつて創造され、「国字」を以て表記された思想を、単に伝達、通信するための便宜上、何らかの表音記号に仮託する機械的手続の問題と、思想が拠つて以て立つところの国語の問題とは、別個であります。両者は峻別すべきで、混同されてはならないと考へます。況んや、後者の立場だけから前者を論ずるが如きは、厳《ママ》に誡むべきでありませう。

終りに一言附言致します。

提案者は、自分が今「国語」として自覚し得る様な国語を問題としてゐるのであつて、極めて遠い将来に、日本人の言葉が如何なる変化を示すものであるか、それが如何なるものであるべきか等を問題としてゐるのではありません。これは極めて大きな民俗文化史の問題であります。専門的学問の研究課題としても、広大な規模と年数とを要する大問題だと想像します。或は、この種の問題は、想像を絶するものといふべきでありませう。

それは、例へば、遠い将来に、日本民族はこの四つの島から散らばつて、地球上の何処にどう拡散するのであらうか、その時の日本人は「如何にあつたらよいのか」―さういつた問題と同じであります。従つて、いまの国語審議が、この種の遠い未来を念頭において審議を進めるのであれば、我々の如きが意見をさしはさむ余地は全くない事を、提案者は自覚してゐます。

　提案者は今この提案理由を考へ、書きながら、漢字と仮名とで物を考へてゐます。それ以外の事はできないのです。これは厳しい事実であります。いま小学校に通つてゐる無数の日本人の子供たちにも、この私のものと同じ道以外のものはないでありませう。即ち現実に考へ得る限り、国語は日本人の思想その者《ママ》であり、現実に日本人が所有する文化の根元だと信ずるのであります。

　国が国語を如何なるものと考へ、それを如何に尊重し、如何に愛するか。それを明示し、子供たちに国語学習の拠り所を与へ《ママ》学習の重要性を知らしめることは、国民の思想の形成に、或は日本人の人間形成に、何者にも優先する重大要件であると信ずるのであります。不敏を顧みず、敢てこの提案を試みるのは、このためであります。

（附記）提案者は、本採案と同一の提案を第6期国語審議委員会に於て行なひましたが、第6期に於ては提案として審議をされるに到りませんので、再度提案する次第です。


　世間にはあまり知られていないが、戦後の漢字史を考える上でまことに重要な発言なので、非常に長い引用となってしまったが、これこそまったく非のうちどころのない意見である、と私は考える。先にも書いたように、吉田はガンの研究に優れた業績をあげた医学者であって、推測するにおそらく英語やドイツ語には非常に堪能であったにちがいない。その吉田が国語のあり方について、歴史的仮名遣いを用いて堂々たる大弁論を展開している。そこに当時の識者の国語に対する見識の一端を見てとれる。当時のインテリとて、全員がローマ字論者や漢字制限論者であったわけではなかったのである。

しかしこの吉田の提議に対して、委員たちの見解はわかれた。賛同する者もいたがそれは少数で、大多数の委員は審議会から声明を出すことに否定的であった。そのときの審議経過によれば、反対論はたとえば次のようなものであった。

・審議会はこれまでも漢字かなまじり文を審議対象としてきたのだから、あらためてこの声明を出せばこれまでの立場・原則を無視してきたかのような感をあたえることになるので賛成できない。

・将来の国語は漢字かなまじり文がよいのか、それとも表音的なものにするのがよいのかは、国語審議会よりもっと高い次元で審議される事柄である。

・提案者や声明賛成の人の言う漢字かなまじり文と他の委員の言うそれとには理解の違いがある。このままでかりに漢字かなまじり文を正則とするという声明をしてみても、今後の審議に役だつとは思えない。

これらに対して、声明賛成の意見も少数ながらあった。それは「自明のことだから声明は不必要であるという理由は問題にならない」とか「これまでのいろいろなことから、世間に不安疑惑があるのだから、この際やはり声明する必要がある」というもので、最終的には審議経過を総会に報告して審議してもらうこととなった。

方針の大転換

日本語の書き方は、漢字仮名交じり文を基本とする。

いまならだれもが疑わないもっとも基本的なことを、それまでの議論に業を煮やした識者がわざわざ国語審議会で提案しなければならない、そしてそれがすぐには承認されず、さまざまな紆余曲折を経なければならない、そんな時代なのであった。

しかし吉田の提案は第八期国語審議会の総会(昭和四十一年)における中村梅吉文部大臣のあいさつのなかで、さも当たり前のことであるかのように言及された(このとき吉田は委員にはなっていない)。

第八期の審議会に対して文部大臣は「国語施策の改善の具体策について」という諮問をおこなったが、最初の総会での挨拶で、中村大臣は次のように述べた。

〔文部大臣あいさつ〕

本日、国語審議会の総会を開催するにあたり、一言ごあいさつを申しあげたいと存じます。(中略)

国語の問題は、国民の日常生活や思想はもとより、教育、学術や文化とも深いつながりのあるわが国文化の基本問題として、まことに重要なものであります。それだけに、従来から幾多の先人が研究と努力とを傾けてこられたところであります。

特に、戦後におきましては、新しい時代に即応して、「現代かなづかい」「当用漢字表」「送りがなのつけ方」等について国語審議会のご審議を煩わし、数多くの答申や建議をいただき、政府はこれに基づいて所要の措置を講じてまいったのであります。しかし、これら一連の施策に対しましては、その後の実施の過程におきまして、いろいろな論議や批判も伴なってまいったのであります。(中略)

今後のご審議にあたりましては、当然のことながら国語の表記は、漢字かなまじり文によることを前提とし、また現代国語の表記を平明にするという趣旨とともに、従来の諸施策との関連をご考慮の上、広い立場から国語の諸施策の改善の方途をじゅうぶんご検討願いたいのであります。(後略)

文部大臣はここで、「当然のことながら国語の表記は、漢字かなまじり文によること」

が前提である、とあっさりと述べている。しかし大臣のこの何気なさそうに見える一言が、実際には国語審議会の方針を大きく転換させることになった。日本語をローマ字やひらがなカタカナだけで書くという方式は、このときはじめて非主流的な立場となった。

大臣の発言をめぐってはもちろん意見が交わされた。質疑応答のなかに、次のようなやりとりが記録されている。

細川（隆元）委員　国語問題は、文部大臣のあいさつにもあったように、非常に長い間混乱を重ねてきた。このことは委員にも責任があろうが、文部当局にも責任があったと思う。これまでの諮問についてみても、一種の無責任諮問であった。こんどは文部大臣の英断によって漢字かなまじり文という基本的立場がはっきりと打ち出され、具体的な諮問がなされたことは非常な進歩であって、あらためて敬意を表したい。国語は国民全体のものであって、一部の者の趣味、道楽で無責任にいじってはならないものである。わたしどもの基本的態度としても、ひとつ、国語が国民の便利になるように、すなわち、法律や政治、経済、芸術などの各分野で仕事をするそれぞれの立場の人々に不便をかけないように焦点を合わせて、おおらかな気持ちで審議していくことがたいせつであると思う。今日は非常に気持ちのよい思いをしたしだいである。

柴田（武）委員　大臣のあいさつの中の「国語の表記は漢字かなまじり文によることを

前提とし、……」の「国語の表記」というのは、国語のあらゆる表記ということなのか、一般の表記ということなのか、それとも当座の表記ということなのか。

文部大臣　ここに述べた「国語の表記」というのは「日常の」というか、一般的な意味にとってもらってよい。（中略）

大野（晋）委員　大臣にお聞きしたい。正式な日本語の正式な表記は漢字とかなであると了解してよいか。正式のというのは、たとえば、政府がものを発表するとかの場合である。

文部大臣　特別なものは別であるが、通常の国語の表記は漢字かなまじり文であるということである。

大野委員　通常という場合には、自分でかってなメモをとっているものまでも含まれるが、そういうものではなくて、正式に文章を書くときには漢字かなまじり文によるということ、つまり、いままでは漢字ばかりで書かれたときもあったし、ローマ字がまざっていたこともあったが、正式には漢字かなまじり文で書くということになるのかということである。

安達（健二）審議官　補足するが、ここで「国語の表記」というのは、正式・公式・非公式とかいうことではなしに、かなタイプによる表記のような特殊な例外を除いた通常一般のという意味に受けとっていただきたい。

このときの「国語施策の改善の具体策について」という諮問は、具体的には「当用漢字表について」・「送りがなのつけ方について」・「現代かなづかいについて」の三点について提言を求めるものであったが、うちの「当用漢字表」に関する部分について、文部事務次官は次のように補足説明をしている。

福田（繁）事務次官　諮問事項について具体的に検討お願いいたしたい第一の問題点は、当用漢字についてであります。当用漢字表は、現代国語を書き表わすために、日常使用する漢字の範囲を定めたものでありますが、実施以来すでに二十年に近い年数を経ております。したがって今日これまでの経験等に照らし、取り扱い方とともに内容についても検討を要するところがあると考えるのであります。取り扱い方に関しましては、当用漢字を、「漢字の範囲」を定めたものと考えるか、「一応の基準」と考えるかという点が、従来問題とされてきました。また、その適用範囲、固有名詞、専門用語等のいわゆる表外字の取り扱い、あるいは、学校教育との関連等の問題がございます。内容に関しましては、従来から漢字の選定の問題がございます。ついてはこの際これまでの審議に引き続き、当用漢字表の改善の具体策について、ご検討をお願いいたすしだいであります。また、当用漢字表と関連して当用漢字の別表、音訓表、字体表等につきましてもご審議いただきたいのであります。

こうして審議会は「当用漢字表」について本格的に見直す段階に入った。

2-4　常用漢字表の制定

新しい漢字表への動き

文部大臣から諮問された「国語施策の改善の具体策について」という課題について国語審議会は三期にわたって審議し、第十期の最終総会（昭和四十七年六月二十八日）で「当用漢字改定音訓表」を答申した。この「当用漢字改定音訓表」の「前文」には、冒頭から非常に注目すべきことが述べられていた。それは〔漢字仮名交じり文と戦後の国語施策〕と題する部分で、そこに、

我が国では、漢字と仮名とを交えて文章を書くのが明治時代以来一般的になっている。この漢字仮名交じり文では、原則として、漢字は実質的意味を表す部分に使い、仮名は語形変化を表す部分や助詞・助動詞の類を書くために使ってきた。この書き方は、語の

一つずつを分けて書かなくとも、文章として、語の切れ目が見やすい。それは表意文字である漢字と表音文字である仮名との特色を巧みに生かした表記法だからである。しかし、漢字に頼って多くの語を作り、漢字の字種を広く使用した結果、耳に聞いて分かりにくく、国民の言語生活の向上にとって妨げになるところがあった。

国民の読み書きの負担を軽くし、印刷の便利を大きくする目的をもって、漢字の字種とその音訓とを制限し、仮名遣いを改定するなどの国語施策が、戦後実行された。それは二十余年の実施によって相応の効果をもたらしたものと認められる。しかし一方、字種・音訓の制限が文章を書きにくくし、仮名の増加が文章を読みにくくした傾きもないではない。漢字仮名交じり文は、ある程度を超えて漢字使用を制限すると、その利点を失うものである。

とある記述で、この文章の根底には「漢字仮名交じり文が日本語の基本的な表記形態である」ことと、「戦後の漢字制限は若干いきすぎた面があった」という認識がある。そして同「前文」はさらに〔当用漢字音訓表の改定〕の項目で、

本審議会は、当用漢字について字種・字体・音訓の面から検討を重ね、まず当用漢字音訓表の改定に着手することとした。改定に当たっては、昭和二十三年内閣告示の当用

漢字音訓表の持つ制限的色彩を改め、当用漢字改定音訓表をもって、漢字の音訓を使用する上での目安とすることを根本方針とした。すなわち先の音訓表は、表示した音訓以外は使用しないという制限的な精神によって定められたものであるが、それに対して、今回の改定音訓表は、一般の社会生活における、良い文章表現のための目安として設定された。

と述べている。従来の「当用漢字表」は漢字を表内音訓だけに限って使う制限規格であったが、そのやり方ではこれまでいろいろ無理が生じてきたので、「改定音訓表」は「一般の社会生活における、良い文章表現のための目安として設定された」という。「前文」に「字種・音訓の制限が文章を書きにくくし、仮名の増加が文章を読みにくくした傾きもないではない。漢字仮名交じり文は、ある程度を超えて漢字使用を制限すると、その利点を失うものである」と述べているのは、これまでの漢字施策の流れに対する疑問を投げかけた点で画期的な指摘であり、国語審議会は戦後一貫しておこなわれてきた漢字制限に対して、はじめて否定的な発言をおこなった。さらにこの段階では音訓についてだけだったが、はっきりと「制限」のための規格から「目安」としての規格に移行することが述べられており、この「制限から目安への移行」が、やがて漢字表全体に適用されるコンセプトとなる。

第十期国語審議会はいよいよ漢字表本体の見直しに取りかかった。しかしそれはかなり時間をかけた作業であって、第十一期では新漢字表の基本的な考え方や漢字選定の方針などを議論したが、具体案をまとめるまでには至らず、答申をまとめる作業は第十二期以降に引き継がれることになった。

そして第十二期の最終総会（昭和五十二年一月）で「新漢字表試案」が答申された。このときの試案は、従来の「当用漢字表」に八三字を追加、また三三字を削除し、合計一九〇〇字で構成されるものだった。

試案の前文によって新漢字表の性格を箇条書きにしてみると、次のようになる。

・法令・公用文書・新聞・雑誌・放送等、一般の社会生活で用いる場合の、効率的で、かつ共通性の高い漢字を収めたものである。

・現代の一般社会生活で用いるものであって、科学・技術・芸術等の各種専門分野や個人の漢字の使用にまで立ち入るものではなく、過去の文献に用いられた漢字を否定しようとするものでもない。

・新漢字表は目安を示すものだから、ここに挙げられた字種・音訓だけを用いて文章を書くべきであるという制限的なものではない。表にない字種や音訓の使用を否定するものではないし、表にあっても、いついかなる場合でもそれを使わなければならないというものではない。
・読みにくいと思われる場合は、振り仮名を用いるのも一つの方法である。
・地名・人名などの固有名詞に用いる漢字は取りあげない。
・今回の表は学校教育用として作成したものではないが、学校における漢字指導の際にも考慮されるはずと考える。

ここにははっきりと、のちの「常用漢字表」につながる認識が示されており、またかつて山本有三主導によるルビ廃止の方針（八一ページ参照）が、ここであらためて見直されることともなった。

「常用漢字表案」

「新漢字表試案」は、ひとまず出版・報道・学校教育など関係各界に示して、広く意見を聴取することとなった。それに対して賛否両論の意見が数多くよせられたことはいうまでもなく、こうして寄せられた意見が第十三期国語審議会で検討された。また漢字表の名称をどうするかについても前期の審議会では保留していたのだが、それがこの期で審議され、最終総会（昭和五十四年三月）で字種・字体・音訓・語例等を総合的に示した「常用漢字表案」として文部大臣に報告された。これは前後六年間にわたる審議の成果であるが、それでもまだ「中間答申」だった。漢字の問題は国語施策のなかでももっとも中枢に位置する重要なことだから、最終的な決定にいたるまでなお若干の期間をおこう、と審議会は考えたのだった。

このとき中間答申として出された「常用漢字表案」では、前の「新漢字表試案」に一二字を追加し、また削除すべしとされた三三字のうちの一四字が復活して、全体が一九二六字となっていた。この「常用漢字表案」ではなお、「当用漢字表」から一九字を削ろうとしていた。だが「当用漢字表」から漢字を削除することについては、世間からの反対意見がかなり強かったようだ。

第十四期の「漢字表委員会」（主査三根谷《みねや》徹）の概況（第四回〜第六回）に、

漢字表の字種・字数の問題を中心に協議した。当用漢字表にあって中間答申（常用漢字表案）に入っていない十九字の取扱いに議論がしぼられ、結局、十九字を漢字表の中に取り入れること、すなわち、当用漢字表にある漢字は削除することなくすべて常用漢字表に入れておくという結論になった。また、十九字以外の字種については、中間答申のまま、出し入れは行わないこととし、一九四五字をもって新しい漢字表の字種・字数とすることとした。

十九字をすべて漢字表に入れておくという結論に達したのは、十九字の復活についての要望が多く寄せられていること等から考え、過去三十余年慣れ親しまれ相応の役割を果たしてきた当用漢字表の中にある漢字を削除することによって、諸方面に変化、混乱を与えることは避けるのが適切だと判断されたためである。（後略）

とある。

常用漢字表の基本的性格

このような過程を経て、昭和五十六年三月二十三日に国語審議会会長福島慎太郎（共同通信社代表取締役会長）から文部大臣田中龍夫に対して「常用漢字表」が答申された。「常用漢字表」の「前書き」には次のようにある。

1　この表は、法令、公用文書、新聞、雑誌、放送など、一般の社会生活において、現代の国語を書き表す場合の漢字使用の目安を示すものである。

2　この表は、科学、技術、芸術その他の各種専門分野や個々人の表記にまで及ぼそうとするものではない。

3　この表は、固有名詞を対象とするものではない。

4　この表は、過去の著作や文書における漢字使用を否定するものではない。

5　この表の運用に当たっては、個々の事情に応じて適切な考慮を加える余地のあるものである。

「常用漢字表」は本表と付表からなり、本表では一九四五種類の漢字について、音訓と字体、それにその漢字を使った語例などが示されている。それぞれの漢字は、「当用漢字表」での部首順配列をあらためて、「代表音訓」、すなわちもっともよく使われると推測される音読みまたは訓読みによる五十音順配列となった。部首引き索引では漢和字典を引けない人が時代とともに増えてきており、五十音順配列のほうが一般になじまれているとの認識のもとにそうなったのだろうが、そのやり方にいくつかの問題点があることはすでに述べた（六六ページ参照）。

ともあれこうして、「常用漢字表」は「当用漢字表」から一文字も削ることなく、さらに次の九五字が追加された。この漢字群はそれまで「表外字」であったから規範的な字体が定まっていなかったのだが、ここで本表に取りこまれたことで、表に示された字体が規範となった。

猿凹渦靴稼拐涯垣殻渇喝褐缶頑狭矯襟隅渓蛍嫌洪溝昆崎
皿桟傘肢遮蛇酌汁塾尚宵縄壌唇甚据杉斉逝仙栓挿曹槽藻

駄濯棚挑眺釣塚漬亭偵泥搭棟洞凸屯把覇漠肌鉢披扉猫頻瓶雰塀泡俸褒朴僕堀磨抹岬妄厄癒悠羅竜戻枠

ところでこの九五字のなかには、表外字だったときは旧来の伝統的な字体で印刷されていたのが、常用漢字に「出世」したのを機に、他の表内字にあわせて簡略化を適当した字体が規範となったものがある。たとえば「渓」は「溪」から、「蛍」は「螢」から、「桟」は「棧」からの簡略化である。また本来はイヌがドアの下をくぐり抜けることから「ねじれる・もとる」という意味を表していた「戾」が、表内字となったのを契機に、「臭」や「器」などにあわせて《犬》を《大》とした。

ほかにも、シンニョウをもつ「遮」と「逝」は、「表外字」であった時代では点二つの《辶》（二点シンニョウとよぶ）で印刷されるのが普通だった。しかしそれが常用漢字表に取りこまれたとき、他の表内字と統一するために、シンニョウが点一つの《辶》（一点シンニョウ）の字体で掲げられた。

このように字体がさまざまに推移したことを勘案してのことであろうか、「当用漢字字体表」以来の簡易字体について、「常用漢字表」ではその字の後ろにカッコつきで伝統的な字体（いわゆる康熙字典体）がつけ加えられた。同表の「表の見方及び使い方」ではそのことを、「明治以来行われてきた活字の字体とのつながりを示すために添えたもの」であると説明している。

さらに「常用漢字表」ではそれぞれの漢字のあとに備考欄が設けられ、そこに個々の音訓の使用にあたって留意すべき事項が記されるほか、その見出し字と同訓異字があるものを「←」と「→」の記号で示し、さらに「付表」に掲げられている語でその漢字を含んでいるものがあれば、それを注記している。

こうして一九四五字を掲げた本表のあとに「付表」がある。そこでは「当て字」や「熟字訓」など、漢字一字の音訓として本表にあげにくいものを語の形で掲げ、読み方を平仮名で掲げてそれを五十音順に並べている。ここに掲げられる「熟字訓」とは、一つの漢字ではなくいくつかの漢字を並べた熟語に訓をあてたもので、「明日」を「あす」と読むたぐいであり、「付表」には「明日」にはじまり、「小豆」（あずき）、「海女」（あま）、「硫黄」（いおう）、「意気地」（いくじ）など一一〇語（漢字表記は一一六種）が掲げられている。

印刷字形と手書き字形

本表における康熙字典体の併記や熟字訓などは、「常用漢字表」で加えられた特徴といえるが、それよりも大きな特徴は、「前書き」に続けて（付）という形で掲載される「字体についての解説」であり、そこに「第1　明朝体活字のデザインについて」と「第2　明朝体活字と筆写の楷書との関係について」という二つの項目がある。

はじめの「明朝体活字のデザインについて」は、当時もっともよく印刷に使われていた明朝体活字（写真植字を含む）で、同一字種でありながら微細なところで形の相違があるものについての解説である。たとえば「八」という漢字の明朝体には「八」と「八」と「八」（上がつながった形）などがあり、人によってはそれらに対して神経質なまでに区別を設けようとすることがある（とくに最近のコンピューター業界の関係者に多い）。しかしそれは単に活字を設計したときのデザインのちがいにすぎず、字種としてはいずれも数字の8を表す漢字にすぎない。「常用漢字表」では、このようなものを字体のちがいではなく活字設計上のデザイン差ととらえ、字体の上からはまったく問題にする必要のないものと説明している。

二番目の「明朝体活字と筆写の楷書との関係について」では、ある漢字を明朝体活字で印刷するときの形と、それを手書きするときの形のあいだに存在する、見かけ上の微細な差異を取りあげ、それが印刷と手書きの習慣の相違に基づくちがいであって、字種としては完全に同じであることを、具体例をあげて解説している（一九四—一九五ページ図版参照）。

ここは現在の学校教育にもかかわる、とりわけ重要な部分である。

世間には、とくに学校教育関係者には、教科書や辞書に印刷されているのが「正しい」字形であり、テストの答案などではその通りに書かないといけない、という認識が蔓延しているように見受けられる。学校や塾の先生がそのように指導し、子供から質問される保護者もそう思いこんでいるから、漢字を教科書や辞書に印刷されている通りに「正しく」書いている学生がいかに多いことか。

しかし中国でも日本でも、漢字を書物に印刷されている通りに書くことなど、これまでの歴史においてまったくなかったといっても過言ではない。そもそも印刷が普及したのは中国では北宋時代、いまから約一千年ほど前のことであるが、初期は木版印刷だから、版木の表面に手書きで書かれた文字原稿を版工（刻字職人）が彫刻刀で彫りこんで、それを版画の方式で印刷していただけにすぎない。その頃は、いわばベテラン職人の巧みな技術が文字に反映されていたが、それが明代あたりから書物が大量生産されるようになり、印刷工房では流れ作業がおこなわれた。版木上には正方形の文字が、横画を細い線だけで書き、末端にウロコと呼ばれる小さな三角形をくわえるなど独特のデザインが施された。これらは流れ作業で効率的に印刷するための工夫であり、その字形を金属活字で模倣したのが、いまの日本で一般的に使われる印刷字体である明朝体である。

しかし漢字は印刷がはじまるはるか前、いまから三千年以上も前の時代から使われており、ほとんどの時代において手書きで書かれていた。甲骨文字や木簡・竹簡、あるいは石碑など紙ではない素材に書かれた漢字はもちろんのこと、紙の時代になっても、表面がなめらかな紙に穂先が柔らかい筆を走らせて書くときの漢字の形が、版木の上に彫刻刀で文

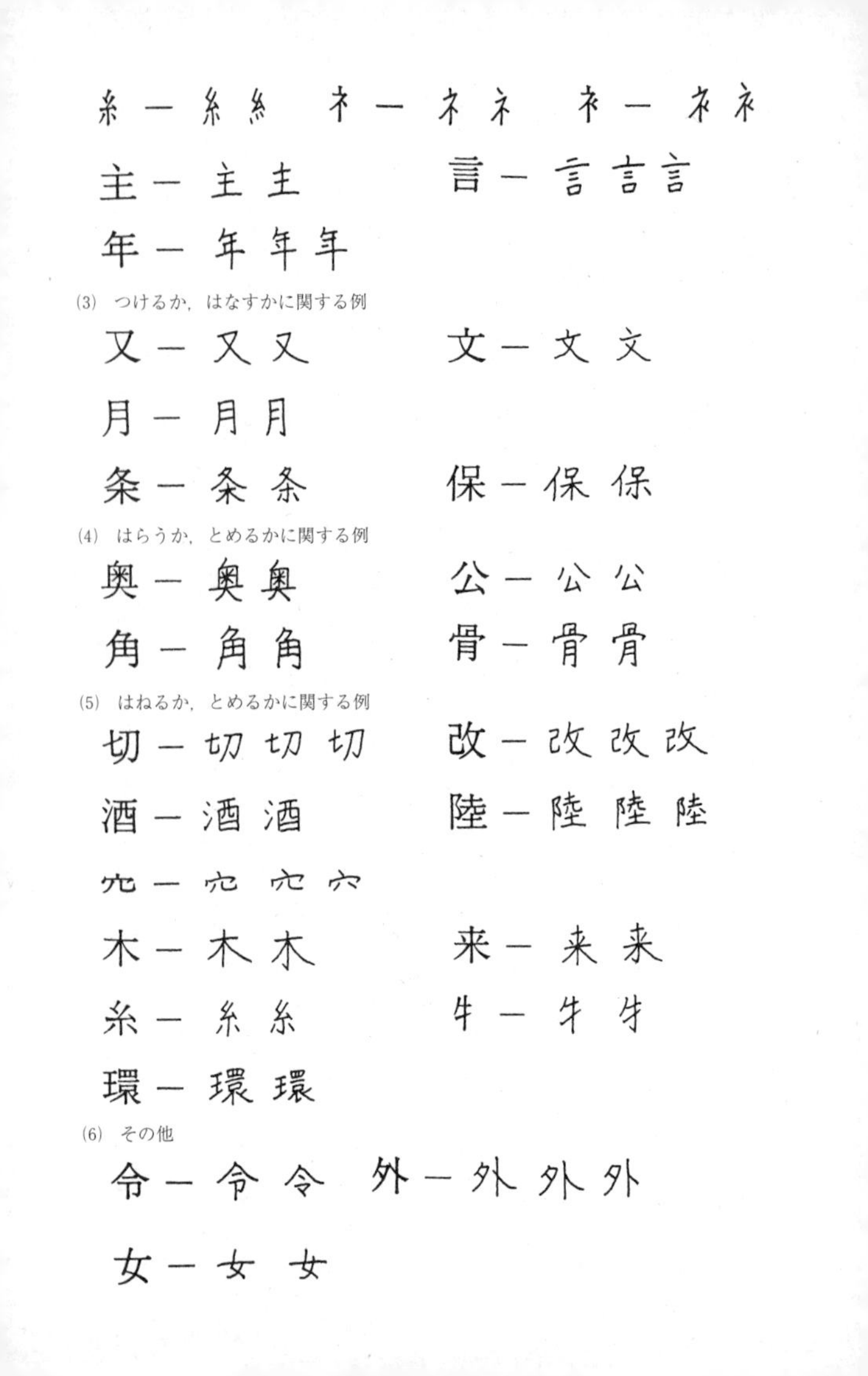

糸－糸糸　ネ－ネネ　衤－衤衤

主－主主　言－言言言

年－年年年

(3) つけるか，はなすかに関する例

又－又又　文－文文

月－月月

条－条条　保－保保

(4) はらうか，とめるかに関する例

奥－奥奥　公－公公

角－角角　骨－骨骨

(5) はねるか，とめるかに関する例

切－切切切　改－改改改

酒－酒酒　陸－陸陸陸

穴－穴穴穴

木－木木　来－来来

糸－糸糸　牛－牛牛

環－環環

(6) その他

令－令令　外－外外外

女－女女

1　明朝体活字に特徴的な表現の仕方があるもの

(1)　折り方に関する例

衣－衣　去－去　玄－玄

(2)　点画の組み合わせ方に関する例

人－人　家－家　北－北

(3)　「筆押さえ」等に関する例

芝－芝　史－史

入－入　八－八

(4)　曲直に関する例

子－子　手－手　了－了

(5)　その他

⻌－⻌　⺮－⺮　心－心

2　筆写の楷書では，いろいろな書き方があるもの

(1)　長短に関する例

雨－雨 雨　戸－戸 戸 戸

無－無 無

(2)　方向に関する例

風－風 風　比－比 比

仰－仰 仰

常用漢字表（付）字体についての解説第2
明朝体活字と筆写の楷書との関係について

字を彫りこんで印刷したものと、同じ字種であっても見かけ上の形がことなるのは当然の話である。

のちに金属活字が普及しても、印刷物にある通りに漢字を書くことなど、ほとんどなかった。印刷は印刷、手書きは手書き、漢字を読み書きする者は、それを当然のことと識別していたのであった。

女はツノを出さない！

具体的な例をあげよう。

前の図版にある項目の第2　2「(6)その他」に、「令」と「外」と「女」という三つの漢字が取りあげられているが、この「女」という漢字については、小中学校の国語の授業では、二画目の《ノ》と三画目の横線が交わったらバツで、三画目は二画目の《ノ》の上部に接する形で書かねばならない、と教えられることが多いと聞く。戦前ならいざ知らず、女性の社会進出がめざましい現代においても、いまだに「女はツノを出してはいけない」などという古くさいたとえでそれを説明する先生もいると仄聞する。私の受講生のなかにも、実際に「女」の二画目と三画目を交わった形で書いたからテストでバツをつけられたという苦々しい思い出を語る学生がいた。しかし書き取りの採点ではしばしば物議をかもすこの問題も、「常用漢字表」の冒頭部分にある「2　筆写の楷書では、いろいろな書き方があるもの」の(6)を見れば、それがどちらでもいいとされていることがたちどころにわかるにちがいない。

もうひとつ、「令」という漢字のデザイン差についても、友人から聞いた面白い話がある。

かつて私の講義に出ていた女性のお嬢さんが中学校を卒業するに際して、先生から次のようにたずねられたのだそうだ。お嬢さんの名前には「鈴」という漢字が使われているのだが、卒業証書に記載する姓名は戸籍通りに「正しい漢字」を書かなくてはならないので、「鈴」と「鈴」のどちらを卒業証書に書いたらいいか、戸籍をきちんと調べて「正式な字」で書いて提出するように、と要請されたというのだ。

お嬢さんはその場では返事できず、両親と相談したけれど両親も判断がつかず、しかたないので、いつも書いている《マ》の形の「鈴」でいいですと返事したらしいが、ほかにも姓名に「鈴」や「令」という漢字がつく人がいて、《令》の形を書いてもらった人も何人かいたとのことだった。

もしも「鈴」を「戸籍通りに書く」のだったら「鈴」でしかあり得ない。なぜなら手書きの時代はいざ知らず、現代の戸籍はコンピューターで処理されるのがほとんどで、コンピューターで印刷すれば、明朝体の「鈴」となるからだ。しかし彼女は実際にはノートの名前欄などに手書きで「鈴」と書いているので、卒業証書でも《マ》の形にしてもらったのだそうだ。両者のちがいは明朝体という印刷字体と楷書という手書き字体における、見かけ上の差異にほかならず、どちらであってもそれが「すず」と読まれる漢字であることにまったく変わりがない。したがってそれはどちらも正しい漢字であって、明朝体で印刷されている辞書に載っていないからといって、「鈴」をまちがいとするのはとんでもない暴挙なのである。

同様の問題はほかにもいっぱいあって、木ヘンの末尾をはねるとかはねないとか、あるいは「保」のツクリ下部が《ホ》の形になっていたらまちがいだとか、まったくどちらでもいいことで泣かされている子供がいかに多いことか。このような問題が世間でいっこうにあとを絶たないのは、教育関係者が「常用漢字表」のこの（付）の部分の解説をほとんど読んでいないからにちがいない、と私は考える。すべての国語教師は、いますぐにでもこの（付）を熟読し、たえず拳々服膺する必要があるだろう。学校教育にかかわる漢字はすべて「常用漢字表」にもとづいているのだから、それが国語の教師たるものの使命であろう。

制限から目安へ

「常用漢字表」の告示によって、それまでの「当用漢字表」および「当用漢字改定音訓表」「当用漢字字体表」が廃止され、また「当用漢字別表」が「学年別漢字配当表」に吸収された。終戦直後に「暫定版」として制定された漢字の規格が、これでようやく正式版に「バージョンアップ」されたわけだが、このバージョンアップまでに実に三〇年以上もの時間がかかったのは、「当用漢字表」以後もあいかわらず、もっと漢字を制限するべきだとか、一日も早く漢字を廃止するべきだとの意見が社会の一部に根強く存在したからにほかならない。

「常用漢字表」の施行とともに「当用漢字表」が廃止されたという意味では、「常用漢字表」は「当用漢字表」の後継規格である。両者はともに「法令・公用文書・新聞・雑誌(・放送)」などに使う漢字の範囲を示したものであって、両者のあいだでは字体の変更も一字(燈→灯)をのぞいておこなわれなかった。

「常用漢字表」制定時でも、やはり漢字制限論や廃止論が社会の一部では声高に唱えられていた。そんなこともあって、現代の眼で「常用漢字表」を眺めると、ごく基本的な漢字と思えるものでもそこに入っていないものが多くあることに気づく。たとえば「耳鼻咽喉科」の「咽喉」という漢字はどちらも入っていないし、いま普通に使っている「嵐」や「闇」、それに「稽」や「蹴」や「痩」がすべて表外字なのだから、そのころの「常用」とはいったいどのような概念だったのかと考えこんでしまいたくもなる。

それでも九五字が追加されたことは、社会の大部分から歓迎された。またそれぞれの漢字にあたえられた音訓の数もかなり増えた。しかし字数の増加という見かけ上のちがいよりも、漢字をめぐるより大きな変化は、表の性格が「制限」から「目安」へ移行したことにあった。

「目安」ということばは「常用漢字表」の「前書き」に「この表は、法令、公用文書、新聞、雑誌、放送など、一般の社会生活において、現代の国語を書き表す場合の漢字使用の目安を示すものである」という表現で登場するが、「当用漢字表」における「制限」から「目安」となったことによって、社会における漢字の使用はかなり自由になった。

かつての「当用漢字表」とて、完全に漢字の制限を目指すものであったとは必ずしもいいきれないところがある。というのはその「使用上の注意事項」の「チ」に、「専門用語については、この表を基準として、整理することが望ましい」と書かれているからで、「当用漢字表」による漢字制限は、実際のところ公的文書について実施されていたにすぎず、芸術や学術用語など特定の領域にはそれほど大きな制約をあたえるものでもなかった。しかし新聞や雑誌の文章は漢字制限の対象とされていたから、そんなメディアに寄稿する作家や評論家のなかには、自分が書いた原稿とはちがった文字遣いの文章が掲載されることに不満をもつ人も少なくなかった。それが「目安」となれば、そのような事態を避けることも可能になる。

「制限」から「目安」への変更は非常に重要な意味をもつことだった。たとえば遊園地のジェットコースターに「身長一五〇センチ以下の人は乗れません」とあれば制限だが、

「搭乗者の身長は一五〇センチ以上を目安とする」とあれば、一四八センチの人でも乗れる可能性がある。それと同じように、常用漢字になってからは場合によっては表外字を使ってもよいということになるわけで、実際に現在の新聞社は独自の規定を設けて表外字を使っている。ここしばらくの時期に新聞やテレビの字幕などでよく見かけた表外字には、「拉致事件」の「拉」や、アメリカでテロ事件に使われた「炭疽菌」の「疽」、惑星であるかどうかが議論された「冥王星」の「冥」、あるいは宮崎県の酪農家に深刻な被害をもたらした「口蹄疫」の「蹄」などがある。

もちろん「目安」だからといって、どんな漢字でも自由に使ってよいというわけではない。国語審議会による「常用漢字表」の答申（昭和五十六年三月二十三日）では「目安」について特に注を設け、「この表を無視してほしいままに漢字を使用してもよいというのではなく、この表を努力目標として尊重することが期待される」と述べている。だがその一方では「この表を基に、実情に応じて独自の漢字使用の取決めをそれぞれ作成するなど、分野によってこの表の扱い方に差を生ずることを妨げない」ともあって、ボーダーがかなり微妙なのだが、要するに「常用漢字表」とは、日常的に使う漢字のゆるやかな標準を示すもの、と考えるべきであった。そのことは改定版が作られた現在においても、基本的に変わっていない。

第3章　「書く」時代から「打つ」時代へ

3—1　機械で書けない文字

漢字制限のもう一つの論拠

「昭和の黒船」が運んできた民主主義と先進文明になびこうとする潮流の中で、いつの間にか漢字が悪者にされていた。私が小学校や中学校に通っていた昭和三十年代から四十年代初頭では、「漢字はまもなく消滅する」という趣旨を述べた高名な学者による書物が何種類も刊行されていたし、国語を担当する先生でさえ、漢字はまもなく廃止されるはずだから、書き取りの試験なんかそのうちなくなるよ、と公言することまであった。

個人的な話だが、高校在学中から古代中国の歴史と文化に惹かれ、大学では中国の文学か言語を学びたいという希望をもっていた私は、漢字がなくなると面白くないし、日本語を読み書きするのにも困るなぁ、という気持ちがふっきれなかった。生家が活版印刷業をいとなんでいて、生活環境のまわりに活字という形で大量の漢字があったことも、漢字廃止論に抵抗感を感じさせる要因であっただろう。

新聞などに載る識者――たとえば梅棹忠夫氏――の論説を読んでいると、そのうちすべてローマ字か仮名だけで日本語を書くようになるらしいけど、そんな電報のような日本語ばかり読まされるのはかなわないし、これまでの日本や中国の伝統的文化の後世への継承はいったいどうなるのかな、という漠然とした不安感まで感じていた。

ところで「当用漢字表」を制定し、社会生活の種々の場面で使える漢字を絞りこむことの目的には、子供たちの学習上の負担軽減という目的があったが、そのほかに戦前から主張されてきた漢字制限論には、主要な論拠がもう一つあった。それは、漢字が機械では処理できないという事実であった。これは特に大正から昭和にかけてのビジネス社会で唱えられたもので、中国や韓国での漢字制限論にはあまり見られなかった考え方である。

欧米にはタイプライターという、かつての日本人にはほとんどなじみのなかった文房具がある。大学や高校などの教育研究機関はもちろんのこと、一般のビジネス社会でもその機械が広く普及していて、大量の業務文書を迅速にかつ美しく処理できた。一般の日本人が想像しているのとはちがって、西洋人ならだれでもその機械の扱いに習熟しているというわけではない。しかしタイピングに慣れた人なら、話すのと同じスピードでキーを打てるから、たとえば社長が話をする目の前で秘書がタイプをたたき、社長が話し終わった瞬間に、話の内容がきれいに印刷されるという芸当さえ可能である。それに対して、日本語を漢字と仮名をまじえて、和紙を厚く綴じた「大福帳」に筆と墨で書いているかぎり、いかに文字筆写が速い人でも、スピードや能率の面で絶対に彼らに追いつけない。

さらに戦後の復興と高度経済成長にともなって、日本の企業や報道機関が海外に支部を置くようになるが、そんな状況において、テレタイプ（テレプリンターともいい、電動式タイプライターに有線・無線通信回線をつなぎ、二地点間の通信と印字を可能にする装置）が使えるなら、離れた場所とでも電話回線を使って連絡と情報のやりとりが即座にできる。しかし漢字や仮名では電話回線による通信が使えないから、連絡手段は国際電話あるいは長距離電話（いまのようにすぐつながるわけではなく、電話局に申しこんで回線の順番をまつ予約制だった）をかけて相手を呼び出し、音声で文章を読みあげて伝えるしかない。それでは日本のビジネスや報道機関が欧米にどんどん水をあけられてしまうことになるが、そんなことになる究極の原因は、漢字が機械で書けないからである。そんな遅れた文字は今すぐにでも博物館の倉庫に放りこんでしまうにかぎる……これがビジネス界の常識と論理であった。電子メールはもちろんのこと、ファックスさえまだなかった頃の話である。

近代的なビジネスや報道の世界では、タイプライターやテレタイプなどで扱えない漢字は不便であったにちがいなく、アルファベットにくらべてずっと遅れた段階にある、と認識されてもしかたなかった。

漢字を使っているかぎり機械では日本語が書けなかったから、日本語の文章をすべてローマ字でつづり、それをタイプライターで書こうとする人が現れたのも当然であった。ところがローマ字だけで書かれた日本語の文章は、慣れていないときわめて読みにくい。それなら仮名で書けばよいではないかと考えて、英文タイプライターのキーボードにカタカナ（またはひらがな）を配置した「カナタイプライター」という機械も開発された。すでに書いたように、私も学生時代に街の文房具店でその機械を見たことがある。個人でなんとか買える価格のものも発売されていた。しかしまことに気の毒なことに、この機械は実際にはほとんど普及しなかった。年配の方なら、カタカナばかりで書かれた昔の電報を覚えておられるだろうが、仮名書きだけの日本語は非常に読みにくいもので、一般の人々には、そんな日本語を読み書きするのはごめんだという気持ちが非常に強かったにちがいない。

コンピューターの登場

漢字は機械で書けないことは、過去においては確かに事実であったが、しかしそれは永遠の真理ではなかった。一九七〇年代末期に商品として発売されたワードプロセッサーという機械、通称「ワープロ」は、この漢字制限のための前提を根底からくつがえした。さらにここ数十年間のコンピューター技術の進歩と発展によって、最近では通勤カバンにすっぽりと入る小さなパソコンや、片手で扱える小さな電話機でさえ、一万を超える漢字を扱えるようになった。

戯曲家であり、また英文学研究者でもあった福田恆存は、漢字をめぐる議論でもっとも保守的な論客としても知られており、昭和三十五年刊行の『私の國語教室』という評論の

中で、

俗説の㈣にあるタイプライターのためなどとは愚論です。なるほど過渡的には商用文にかな文字やローマ字を用ゐることもいいでせう。が、月までロケットが届く時代です。軍擴競争が少し下火になれば、今日の漢字かな文でも十分に消化しうる機械が發明されないとは限りません。現に、當用漢字數を上廻る二千字の漢字が操れる機械が出來てゐるさうです。鐵道線路に狹軌を採用して失敗したのと同様で、慌てて現在の道具に合はせて國語國字を改造する手はないのです。時枝博士ではないが、「文字を使ふといふことは、機械に制限されて使ふのではなくて、機械がもし必要ならば、その文字の實狀に應じて、新しい機械を發明するといふことが必要であります。」さう言ひたくなります。松坂さん（カナ文字論者の一人、松坂忠則氏を指す）、氣を確かにもつてください。タイプライターのための文字か、文字のためのタイプライターか、ついでに教育のための文字か、文字のための教育か、ひとつ小學生を相手に輿論調査をしてみることです。（昭和三十五年新潮社版　二七五ページ）

と書いている。引用した部分の冒頭にある「俗説」とは、福田がそれまでの国語改革論の論点を整理して箇条書きにしたものを指し、その㈣とは、まづ考へなければならぬのは能率である。「すばらしい働きをする」事務機械、すなはちタイプライター、テレタイプ、電子計算機、穴あけカードなどによる事務のオートメイション的處理によらねば、「國際的な競爭」に勝てるものではない。それには表音文字の採用が必要である。

というものであった。

この文章が書かれた当時には漢字の機械処理などまだ影も形もなかったから、福田の「今日の漢字かな文でも十分に消化しうる機械が發明されないとは限りません」という指摘は、時代を先取りした慧眼であったというべきである。むろん福田がどのような形で漢字の機械処理を予見していたかは知るよしもないが、しかしその見通しが正しく、漢字の機械処理が「月までロケットが届く」ようになってそれほど時間がかからないうちに、ワープロによって完全に実現されたのはいうまでもない事実である。

ワープロとは文字入力と文書編集に機能を特化させたコンピューターにほかならない。そして日本においてコンピューターはまず、膨大なデータ処理を必要とする業界から導入がはじまった。

私が子供のころに読んだ「鉄腕アトム」などの漫画にはしばしばコンピューターが登場

したが、それは専門のプログラマーと白衣を着たエンジニアたちが何人もかかって、塵ひとつないクリーンルームで操作する、といったイメージで描かれていた。人間には煩雑すぎる計算や業務処理を迅速に誤りなくおこなえるように開発されたコンピューター（そのころは「電子計算機」と呼ばれた）を導入した効果には目を見張るものがあり、そのおかげで業務処理は飛躍的に向上した。

もともとコンピューターはアメリカで発明されたものだから、使える文字はアルファベットと若干の表記記号だけだったし、技術者たちは当然のように英語でそれを操作した。その時代は、コンピューターとはそういうものだと皆が思っていた。そしてそれは個人が使えるようなものではなく、電力会社やガス会社、あるいは生命保険会社など、百万人をはるかに超える多くの顧客を抱え、大量のデータを頻繁かつ迅速に処理しなければならない会社のニーズによって、大型コンピューターの開発が積極的に進められた。しかしそれでも漢字が使えないから、それらの会社は顧客データをカタカナで処理していた。年配の方なら、家に届く電気やガスの請求書や領収書の宛名がカタカナで書かれていたことを覚えておられることだろう。

しかしやがて小規模の事業所まで業務処理にコンピューターを導入しはじめると、エンジニア以外の一般人が直接に機械を使うことも増えてきた。そしてそれとともに、コンピューターに日本語化の波が訪れた。

それまでの業務に慣れた人の感覚では、伝票を打ち出したり顧客リストを表示したりする際に漢字が扱えないのは、やはり非常に都合が悪いことだった。そんな業務でコンピューターを使うときにもやはり漢字を使いたいという要求が出てくるのは、当然の帰結であった。

この要望にメーカーも真剣に対応し、技術改良が進んで、やがてコンピューターでも漢字が扱えるようになり、さらに一九七〇年代末期には「日本語ワードプロセッサー」（ワープロ）が発売された。

六三〇万円のワープロ

ワープロは、これまでの日本語記録環境を根底から変えた、革命的な機械だった。

日本ではじめて発売された東芝の「JW-10」（昭和五十三年九月発表）は、重さ二二〇キロ、小型電子ピアノくらいの大きさにキーボード、ブラウン管、一〇メガバイトのハードディスク、八インチフロッピーディスクドライブ、プリンターが収められている。いまのパソコンからは想像もできないほど大きなもので、値段は六三〇万円だった！

もちろん企業で使われることを想定して開発されたもので、一般人が気軽に買えるものではなかった。しかしコンピューターがもっている優れた能力を駆使して、漢字を使った日本語が簡単な機械の操作で書け、しかも編集や保存もでき、さらにはボタンひとつで印

日本初のワープロ、JW-10（東芝科学館） 写真 Dddeco

刷までできるという機械の登場は、ビジネス界には衝撃的な業務革命をもたらすものとして大きな反響を呼んだ。

東芝に続いて、富士通や日立、あるいはNECなどコンピューターを扱っていた各社からワープロが次々に発売された。昭和五十五年前後には各メーカーが出揃って、メーカー各社が独自の機能を売りものにしたワープロの新製品が続々と発表された。

またまた個人的な話だが、東芝がワープロを発売したことを報じる新聞記事を見て、これはすごいものができたなとの実感をもったことを私はいまも忘れない。ただ六三〇万円という価格は一般人でさえ手が出ないもので、ましてそのころ私は大学院生だった。当時の京都で学生生活を送るには、月に一〇万円もあれば十分だった。そんな時代の六三〇万円である。遠い将来のいつか、この機械を自分の机の横に設置できたらいいなぁ……とそのときは思ったものだったが、しかし私がその願望を果たし、机の上に小さなワープロを置くことができたのは、それからわずか五年後のことだった。日本の商品経済史のなかで、短い期間にこれほど急激に価格が下がった商品も珍しいのではないだろうか。しかもそれは低価格にこだわった品質の劣るワープロが乱造されたということではなく、価格は安くなったにもかかわらず、どんどんと高機能化していった。このことは日本のコンピューター技術がきわめて優秀であり、また同時にこの機械が一般の人々からいかに大きな需要をもって歓迎されたかを如実に物語るといっていいだろう。

こうしてワープロが安くなって急速に社会に普及しはじめるとともに、漢字は機械では書けないという議論は、完全に論拠を失うこととなった。それ以後は漢字廃止論はいうまでもなく、使用できる漢字の種類を制限しようとする議論さえも、ほとんど聞かれなくなった。ワープロの普及によって漢字の特性が見直されて復権をとげ、その結果として「漢字ブーム」が起こった。戦後ずっとやっかいもの扱いされていた漢字が、もっとも先端的な工業製品によって再評価されたとは、まことに皮肉な話である。

それまでの漢字制限論者のなかにも、ワープロによってこれまで漢字がかかえていた問題点が解消されたと認識し、いち早く率直にその機械を認め、積極的に支持する人が現れた。国語改革を巡るさまざまな論点について、福田恆存と激しい論争を展開した金田一春彦は、かつては国語審議会の中心にいた優れた国語学者であり、また多くの分かりやすい著述でも広く世間に知られるが、金田一氏はまた初期のワープロのテレビＣＭに登場したことでもあきらかなように、個人ユーザーとしては第一世代といっていいほどに早い時期からワープロを愛用しだした。その金田一氏は、ワープロの登場と漢字の制限問題について、次のように書いている。

終戦直後の文部省は、このことを考えて漢字の制限を断行した。いわく、欧米では、タイプライターが一つあれば、手で書くよりももっと速く、そしてもっときれいな文字が書ける、それに引き換え日本語の方は、漢字・仮名の併用というところから、タイプライターの使用が困難で、カタカナだけのタイプライターならばまあ簡単であるが読みにくく、漢字・仮名のものにすると能率がすこぶる悪い。これでは欧米の進んだ文化についてゆくことは到底できない。日本人は、漢字の数を少しでも減らさなければならない――と考えて、当用漢字一八五〇字をきめ、官庁から出る文書はすべてこれでまかなう、一般もなるべくこれに従うようにという法令を出した。（中略）

筆者はそのころ、まだ文部省国語課の嘱託だったが、一も二もなく文部省を支持し、ラジオに雑誌に漢字制限を論じたものだった。――が、三十余年たった一〇年ぐらい前から、この考えは捨てた。それはワープロという機械の発明によってである。（金田一

春彦著『日本語 新版（下）』一九八八 一二〜一三ページ 岩波新書）

そして同氏はまた、ワープロの使い方に慣れさえすれば、「常用漢字の数は三〇〇〇ぐらいまでふやして大丈夫である」と、これからの電子時代に必要であると思われる漢字の字数について具体的な数をあげている（同書一四ページ）。

戦後の国語学で指導的な立場にあり、この分野での調査と研究をリードしてきた金田一氏が、ワープロの登場によって漢字制限論を撤回したことを、私はここで非難しているのではない。むしろ過去の見解にこだわらず、現実の変化を正確に分析し、それをふまえて新しい時代の日本語のあり方を模索しようとする姿勢に心から敬意を表したい。そしてこの金田一氏の発言に象徴されるように、近年では漢字制限論を読んだり聞いたりすることがほとんどなくなった。

3-2 「鷗」と「鴎」——表外字の字体

ワープロの普及

昭和五十八年のこと、そのころ私が勤めていた大学で、所属学科に特別の予算がついたので、共同で使用する備品としてワープロを買うことになり、コンピューターに詳しい人が機種を検討して、某社製のワープロ（たしか二五〇万円くらいだった）を購入することとなった。そのころは一〇〇万円を切る機種もすでに発売されていたが、それでもまだまだ個人が気軽に買える機械ではなかったので、私は大喜びしたものだった。

ワープロはほどなく納品されたが、しかしそれを使えるチャンスはしばらく到来しなかった。理由は、その高価な機械を設置して管理するためには従来の「印刷室」の中に鍵付きの小部屋を作る必要があり、その小部屋を設置するための予算がなかなか確保できなかったからであった。

いまから思えばまったくの笑い話で、しかも小部屋の鍵を事務室が管理したから、ワープロを使うにはちょうど歯科医の診療予約をするように、事前に申しこんでおかなければならなかった。もちろん論文や書類の執筆にワープロを使いたいという希望は若手教員を中心に非常に多かったから、予約は週に一度取れればいい方であった。さらにはやっと自分の順番がきても、使えるのは一時間だけと限定されていた。そんな状況でまともに論文など書けるわけはないが、それでも私たちは「ワープロ様」を使えるのがうれしくてしかたなかった。

そのころワープロはまさに「高嶺の花」だった。それがしかしあっという間に低価格化し、ほどなく個人でもちょっと無理すれば買える機械になった。ちなみに私は大学に共同使用のワープロが設置された二年後の昭和六十年に、夏のボーナスから三〇万円ほどを捻出して個人用のワープロを買った。いまの小型電子レンジくらいの大きさだった。研究室の机の上に自分専用のワープロがあることがうれしくてうれしくて、朝から晩まで暇があればさわっては、用もないのに友人に手紙を書いたりして迷惑がられたものだった。

日本には「書は人なり」という格言があって、文字を上手に書く人は人柄もまた立派である、という認識が広く世間に流布している。そのために、会社の人事課に提出される履歴書に書かれた文字が就職の成否を左右したこともあると聞くし、かつてはラブレターを字の上手な友人に代筆してもらう人もいたそうだ。いずれも、文字の美しさが人柄に直結すると考えられたからであろう。たしかに私の周囲にいる能筆家は、みなさん善良な人物ばかりである。しかし人柄がよいのは別に達筆な人物ばかりとは限らないし、広い世間のこと、字の上手な悪人もどこかにはいるだろう。私の友人の一人に、解読するのに難渋するほどみっともない字を書く人物がいるが、それでも彼は気立てのよさでみんなから非常に好かれている。「書は人なり」を裏返せば、字の下手な人間は悪人である、ということになる。人格の善し悪しを文字の美醜と連動させるこの格言は、江戸時代に寺子屋で子供たちにおとなしく手習いを稽古させるために唱えられた一種の脅し文句ではないか、と私はひそかに疑っている。それは冗談だとしても、子供のころから悪筆だった私は、人前で文字を書くのが大嫌いだった。だから「日本語電子タイプライター」の誕生を新聞記事で知ったときには、いつかこれが使えるようになったら悪筆を人前にさらす苦しみから解放される、と快哉を叫んだものだった。それは私にとってまさに救世主に思える機械だった。

私が個人用のワープロを買った昭和六十年あたりから、ワープロが驚くべき速度で高機能・低価格化していった。テレビでも各社ワープロのコマーシャルが流され、前述の金田一春彦氏や新進気鋭のコピーライターであった林真理子女史など、著名な学者や作家、それにタレントなどが登場していた。

そのころワープロに興味をもつ人にとって最大のネックは、キーボードがうまく使えるかという不安感だった。それまでに英文タイプライターのキーボードをさわった経験がある日本人は非常に少なかった。かく申す私だって、それまでタイプライターを使った経験がなかったから、キーボードについてはかなり心配したものだった。だが実際にやってみると別にどうということもなく、あざやかなタッチとはいえないまでも、すぐになんとか使えるようになった。ほかの人もたぶん同様で、いまのビジネス界や大学には、あのころのようにキーボードを扱えないのではという不安を持つ人はほとんどいないだろう。

ワープロを使うことの最大の利点は、いったん文章を作成し、保存したあとでも自由に修正でき、しかもそれをいとも簡単に編集できるという点にある。これこそ従来の筆記用具による文書作成と比べて決定的な効率の差をもたらすものであった。ワープロでは現にいま考えていることを、とにかくそのまま文章に書きあげることができる。そして段落の移動や全体のレイアウトなどは、その後の編集段階でどのようにもできるし、「これでよし」となればボタンひとつで簡単に印刷までできてしまう。さらに作成した文書をフロッピーやハードディスクなどの記憶装置に保存し、必要な時にはいつでもそれを呼び出して再利用することまでできる。これは従来の日本で使われていた筆記用具では、絶対に不可能なことであった。

さらにワープロが普及した別の要因として、だれでも楽しみながら使える機械であることもあげられるだろう。はじめてワープロを購入した人はだれしも、しばらくの間はまるで新しい玩具をあたえられた子供のように、寝る間も惜しんで機械をいじった思い出があるだろう。

それまではよほどの必要がないかぎり文章などほとんど書かなかった人が、ワープロを使いだしてから急に日記や手紙などを書くようになった。またワープロを使っていることを他人に吹聴したり、それで書いた文章を示して伝えたいという願望にかられることもあった。その意味で、ワープロは文章を書くという知的行為を多くの日本人に開放した、画期的な文房具であるといってよいだろう。

ワープロに対する賛否両論

かくしてこの機械は、高機能・低価格化を追い風として急激な勢いで社会に普及した。

しかし新しい道具の登場に対しては、いつの時代にも批判的な「抵抗勢力」があるものだ。おそらく明治時代あたりの文明開化の時期に、筆記用具が毛筆から万年筆や鉛筆にかわりだした時期にも同じような議論があっただろうと思うが、会社で書類を作成するために使われたワープロがやがて家庭にまで普及し、たくさんの人がそれで手紙を書いたり年賀状を作るようになると、一所懸命に勉強して漢字を覚えた世代からは、ワープロで書いた手紙は心がこもっていないとか、年賀状をワープロで作るのは失礼だ、あるいはワープロばかり使っているとそのうち漢字が書けなくなる、というような意見が、新聞の投書欄などによく掲載されたものだった。

だがそれも近頃ではほとんど目にしなくなった。このあいだ私がもらった手紙は、「パソコンが使えないので、手書きで失礼します」という書き出しではじまっていた。いまでは「ワープロ専用機」が製造中止になり、完全にパソコンにとってかわられたが、機械で日本語の文章を作成するという行為は、隆盛をきわめる一方である。パソコンを自由に操る小学生など珍しくもなんともないし、シャツの胸ポケットに入る小さな携帯電話やスマホの普及とともに、膨大な数の人が、単に「どうしてる？　元気？」とか、「明日のコンパなに着ていく？」というような「電子の手紙」を、ケータイできわめて気軽に、それも注文したラーメンができるまでにチャッチャッと書きまくっている。こんな便利な道具が流行らないはずがない。

漢字の多様化と文体の変化

だからといって、ワープロ社会がバラ色だったというわけではない。とくにしばしば指摘された問題のひとつに、ワープロで書かれた文章には不必要なまでにたくさんの漢字が使われるという現象がある。キーボードから入力した仮名を漢字に変換する際に、どの字を漢字にするか、また仮名のままにするかは、もともと入力した人間が自分の言語感覚と文章力に基づいて判断するべきことなのだが、それをついつい機械まかせにしてしまう人が非常に多く、そうすると文中の漢字の量がかなり増えてしまう。

かつて手書きで文章を書いていたころなら、たとえば「雨がふってきたので、あわてて子供たちといっしょに洗濯ものを取りこんだ」というように書いていた人が、機械の漢字変換に頼りきってしまうと、「雨が降って来たので、慌てて子供達と一緒に洗濯物を取り込んだ」というように書いてしまうことになる。

情報機器を使ってたくさんの人が文章を書くようになってから、日本語と漢字をめぐる状況が確実に変化した。なかでも最大の変化が、この漢字多用という現象であった。

もともと漢字には画数が多くて構造が複雑なものが多く、たとえば「音楽鑑賞」とか「高邁な認識」という程度でも、しばしば「ど忘れ」して書けないことがある。ましてそれが「矍鑠」、「蹂躙」、「穿鑿」、「韜晦」というような熟語になれば、それらの漢字を手書きで書くのはまず不可能であった。しかしIT機器を使えば、そのことばの読みさえわかっていれば簡単な操作で漢字を画面に表示でき、おまけにきれいに印刷することまでできる。

初期の段階でワープロを使いはじめた人には、機械操作の面白さや珍しさも手伝って、より多くの漢字を文中に使う傾向があった。それはもちろん「仮名漢字変換システム」を働かせすぎた結果であって、キーボードから入力された仮名を、なんでもかんでも漢字に変換して文章を表記しようとするからそうなるのである。またワープロメーカーの側でも、機械に内蔵する「辞書」に少しでも多くの漢字語彙を載せたものが高級機種であるという認識があり、通常は仮名で書くべきことばまで漢字に変換しようとする傾向があった。そのころは実際に、「ありがとうございます」を「有り難う御座居ます」と書いたダイレクトメールが届いたこともよくあった。

ところでワープロが会社から個人にまで普及しだしたころ、各メーカーはまさに激戦といってもいいくらいに、次から次に新しい機種を売り出した。新機種は従来のものより高い機能を備えておりながら、しかし価格はほとんど同じ、あるいは逆に安くなるという状態であった。ユーザーの中には、買ったばかりの機種をあっさりと見かぎり、次々に新しい機種に買い換えるという人もいた（私もいったい何台買い換えたことか……）。だが機械で扱える漢字だけは、どんな機種を買ってもほとんどかわらなかった。

初期のワープロを含めて、現在までのほとんどの情報機器では、常用漢字表の三倍以上にあたる六〇〇〇強もの漢字が使えるようになっている。そしてワープロは少々難しい漢字でも画面に表示してくれるから、人々は漢字を覚える苦労、あるいは忘れない努力から解放され、難しい漢字がたくさんまじった日本語の文章を、いとも気軽に書くようになった。「憂鬱」だって「顰蹙」だって、機械を使えばすぐに書けるではないか！

そして大多数の人は、自分が書いている漢字が「常用漢字表」に入っているかどうかなどまったく意識しないし、そもそも「常用漢字表」の存在すら知らない人だって世間にはたくさんいる。こうして「常用漢字表」制定時の予想をはるかに超えて、表外字の使用が日常化した。

「常用漢字表」が制定されたのはワープロが社会に登場しはじめたばかりの昭和五十六年のことで、その当時ではまさかこれほど多くの人が、機械で日本語を書くようになるとは、誰も考えていなかったにちがいない。

「常用漢字表」で想定された漢字使用の目安が、情報機器で漢字を使用するという状況をまったく視野にいれていなかったのは、時代背景を考えれば無理もなかったといえるだろう。要するに非常に高価な機械であったワープロやコンピューターで使う漢字と、一般人が日常生活で使う漢字の問題が、すりあわされて考えられるということなどほとんどなかったというわけだ。

JIS漢字コード

コンピューターの内部ではローマ字や仮名、それに漢字など多種多様な文字や記号を数値として扱っており、それぞれの文字・記号にコードが割り当てられている。これを文字コードと呼ぶが、それは要するにそれぞれの文字につけられた背番号のようなもので、簡単にいえば、コンピューターに「2719」というコードを送ると「山」という漢字が、「3278」というコードを送ると「川」が出る、という仕組みである。

コンピューターで漢字を扱う規格がはじめて作られたのは一九七八年のことで（まだ「当用漢字表」の時代だった）、財団法人日本規格協会による日本工業規格（Japanese Industrial Standards JIS）として、「情報交換用漢字符号系」（JIS C 6226）が作られた。これによって、漢字がどこの会社が作ったコンピューターでも同じように処理できるようになったのだが、そのうち漢字についてはよく使用する漢字を第一水準文字、地名や人名などにたまに使用する文字を第二水準文字として、合計約六〇〇〇文字ほどにコードがあたえられた。

このJIS C 6226が一九八三年に大幅に改定され、JIS C 6226-1983（八七年からはJIS X 0208: 1983）となったのだが、この八三年の改定の際にいくつかの変更が加えられた。そのうち「鯵」と「鰺」、「鴬」と「鶯」、「蛎」と「蠣」のように異体字関係にある二二組のグループについて第一水準と第二水準のあいだで例示字体を入れ替えたこと、あるいは第一水準及び第二水準の字形を第二水準の空き領域に移動して空いた所にあらたに四文字を追加したことは、78ＪＩＳを搭載している機種と、83ＪＩＳを搭載している機種との間で情報交換をおこなう際に、たとえば送り手が「檜山さん」と書いたメールを送っても、受け手の機械で「桧山さん」と表示されるというような「文字化け」を起こし、大きな混乱を引き起こした。

もう一つ、のちに非常に大きな影響をあたえた大きな変更が、規格票に示す例示字体で、それまでの「鷗」、「禱」、「瀆」など本来の正しい字形をあらためて、「鴎」、「祷」、「涜」のごとき略字体を採用したことである。83ＪＩＳにはこのように大きく字形を変更したものが合計二九種類あり、この変更によって、83ＪＩＳを搭載したワープロやパソコンでは「鷗」、「禱」、「瀆」という本来の字形が表示できないことになった。すなわち多数の漢字について、一般の印刷物や書籍類で使われる字形と情報機器で使われる漢字の間に字体差が生じることとなったというわけだ。その二九字とは、以下の通りである（カッコ内が本

唖（啞） 焔（焰） 鴎（鷗） 噛（嚙） 侠（俠） 躯（軀） 鹸（鹼） 麹（麴）
屡（屢） 繍（繡） 蒋（蔣） 醤（醬） 蝉（蟬） 掻（搔） 騨（驒） 箪（簞）
掴（摑） 填（塡） 顛（顚） 祷（禱） 涜（瀆） 嚢（囊） 撹（攪） 醗（醱）
頬（頰） 麺（麵） 莱（萊） 蝋（蠟） 攅（攢）

来の字形）。

超高価な商品であったワープロが、大企業のなかでの業務用文書作成という目的だけに使われるのだったら、字体改変の問題はまだしも深刻ではない。しかし普及とともにその機械を作家や学校の教師が作品の執筆や教材の作成に使うようになり、さらには大学生のなかにも、論文やレポートを書くのにワープロやパソコンを使う者が増えてきた。

『舞姫』や『雁』などで知られる明治の文豪は、国語や社会の教科書では「森鷗外」と書かれているし、文庫本の表紙に記される著者名も「鷗外」となっている。しかし83JISを搭載したワープロやパソコンを使って教材や試験問題を作れば、その作家は「森鴎外」としか書けない。「小説の神様」とたたえられた志賀直哉に「清兵衛と瓢簞」という短編小説があるが、そのあらすじを示す副教材を作ろうと思っても、「清兵衛と瓢箪」としか書けない。家具屋がバーゲンセールのチラシを作ろうとして、印刷屋に注文したら「洋服簞笥」と印刷されるが、ワープロを使ってチラシを作ったら「洋服箪笥」としか書けない。作家が小説を書いていて、敬虔な信徒がこころない者から真剣な祈りを妨害されたシーンを書こうとしても、「祈禱に対する冒瀆」ではなく「祈祷に対する冒涜」としか書けないのである。

ワープロやパソコンが実際の社会のさまざまな場で使われるようになってくると、そんな「気持ちの悪い」漢字など見たくもないし、絶対に使いたくない、という強い意見をもつ人がしだいに増えてきた。とくにこのような状況に対して強く異論を示したのが日本文藝家協会で、同協会は平成九年ごろから「漢字を救え！」という名称でキャンペーンを展開し、JISでは打ち出せない漢字があり、またいわゆる「表外字」についてはなにひとつ字体の基準が示されていないこと、さらに国際的規格統一に際して外国の大手有力企業等の恣意的主張によって字数の制限や字体の改変などが余儀なくされるおそれがあるとして、今後の言語政策が誤りなく進められるようにという要望書を国語審議会に提出した。

こうして略字体しか書けないJIS規格では困る、という感じをもつ人が世の中にしだいに増えてきたのだが、ではいったいなぜこのようなことになったのだろうか。

放置された表外字

83JISにおいて字形が大きくことなった略字体が採用された二九字はいずれも、「当用漢字表」にも「常用漢字表」にも入っていない「表外字」である。「当用漢字表」でも「常用漢字表」でも、その表に入っていない漢字についてはまったく言及されておらず、もちろんそれらについての正規の標準字体も定められていない。だがたとえば「鷗」の左にある《區》は「当用漢字字体表」によって《区》が規範的な字体とされたし、「瀆」のツクリになっている《賣》は《売》と書かれた。そしてそれらの簡易化の方法をそのまま表外字に適用した字体（これを「拡張新字体」という）である「鴎」や

「浣」という字体を、ＪＩＳが例字として採用したのである。

むしろ問題は「当用漢字表」以来、表外字についてはまったくなんの処置も講じてこられなかった点にあるというべきだろう。国語施策としての「当用漢字字体表」はあくまでも当用漢字だけを対象としたものであり、「当用漢字表」は漢字の制限から全面的廃止を目指すものであったから、そもそも社会の場で表外漢字が使われるという発想自体をもたなかった。同じように「常用漢字表」は、その答申の前文に「常用漢字表に掲げていない漢字の字体に対して、新たに、表内の漢字の字体に準じた整理を及ぼすかどうかの問題については、当面、特定の方向を示さず、各分野における慎重な検討にまつこととした」と述べた。当時の国語審議会は表内字を決めるのに精一杯で、表外字を処理する余裕はまったくなかった。要するに国語審議会は常用漢字に入らなかった漢字についてはなんのビジョンも示さず、問題を先送りにしていたのである。

いっぽうワープロやパソコンで使われる漢字を定めたＪＩＳ規格には、常用漢字の三倍以上にあたる六〇〇〇字あまりが収められているから、なかに当然表外字がある。いやむしろ表外字が圧倒的に多いという方が正確なのだが、しかし表外字にはこれが正しいという規範的な字体がない。そこでＪＩＳは規格票の例示字体に多くの略字体を採用した。この結果、毎日のようにワープロやパソコンの画面に向かう人のなかに、電子機器に表示される形が正しい字体であるとの認識がしだいに広がりだしていった。

3-3　表外漢字字体表

表外字は「鬼子」だった

ワープロやパソコンなどの普及によって、一般の人々が書く文章に使われる表外字がしだいに増えてゆくにつれて、その標準的な字体がこれまでずっと明確にされていなかったことが混乱をまねきはじめた。具体的にはワープロ・パソコンの画面に「涜」や「鴎」、「箪」などの「拡張新字体」が表示され、本来の「瀆」や「鷗」、「簞」などの「正しい漢字」を打ち出せないことが問題とされた。当用漢字・常用漢字式の簡略化を表外字にも適用した拡張新字体は、ラーメン屋の看板で「麺」を見かけることなどはあったが、書籍や雑誌などの印刷物ではほとんど見かけなかったから、それが画面に出たときにはとまどう人が多かった。

「麺」や「鴎」、「箪」ならまだしも見当がつくが、「涜」は本来の字形である「瀆」とはかなりかけ離れているので、とくに評判が悪かった。「瀆」が「涜」になるのは「續」が「続」になり、「讀」が「読」になったのと同じことだといわれても、そう簡単には納得できないものだ。新字体以後の世代では、そもそも「売」と「賣」が同じ漢字の新旧字体の関係であることを認識することができない人もたくさんいる。私自身の経験でも、はじめて「流」という字体を画面で見たときにはワープロの不具合と思ったものだった。ちなみに電子機器の黎明期には、まちがった漢字が画面に表示されることもあった。私の友人が使っていた某社の機械では、「すうこう」を変換したら「崇高」ではなく、「たたり」という意味の漢字を使って「祟高」と画面に表示されたという（実話である）。

ところでこのようなコンピューターと漢字の問題を扱うのはもともと文部省（当時）や国語審議会の守備範囲ではなく、通産省（当時）や日本規格協会の管轄であるはずなのだが、漢字を含めて戦後の国語施策はすべて国語審議会が扱ってきたといういきさつから、この問題についても国語審議会における審議にゆだねられた。

「当用漢字表」が定められて以来、漢字は大きく二つのグループに分けられることとなった。一つは「当用漢字表」などの規格に収められているもの、もう一つは規格に入っていないものであり、前者は国語審議会や文部省からそれなりに保護を受けながら当面のあいだは存在を許される優等生的な漢字、後者は「おまえなんかどっちでもいい」と見放され、そのうちこの世から姿を消してしまう可能性すら内包した劣等生的な漢字、とたとえることもできるだろう。しかし五万字もの漢字を載せている大きな漢和辞典があることからもわかるように、数の面では表外字が圧倒的に多い。それに漢字制限を目的とした「当用漢字表」はさておき、「常用漢字表」は個人レベルでの文字使用を拘束するものではなかったから、世間の中には表外字を憎まれっ子であるなどとはまったく考えず、それと友好的につきあう人も、おかみの思惑とはうらはらに、実際にはたくさんいた。「当用漢字表」でも「常用漢字表」でも、「表」に入っている漢字はデザイン差も含めてそこに印刷されているのが規範的な字体とされ、ほかにもその漢字の音訓や語例が表に掲載されている。しかし表に入っていない漢字については、まったく「知らんぷり」を決めこんでいた。

漢字の制限から将来における全面的な廃止を目指した「当用漢字表」では、表外字はやがて淘汰され、消滅していくはずのものであった。もしどうしてもその漢字を使わなければならないという事態が生じたときは、その部分を仮名で書く「交ぜ書き」か、あるいは同音または意味の近い漢字を使う「書き換え」という方法で対応し、ルビをつけて表外字を使うことすら認められなかった。「常用漢字表」においてもやはり表外字に対する扱いは冷淡で、「表」の本体には「前書き」などの記述も含めて、表外字に対する言及がいっさいない。

国語施策における建前としては、まるで表外字など存在しないとでもいわんばかりの流れだったのだが、しかし霞が関の官庁や地方自治体の役所ならいざ知らず、現実の社会で人々が当用漢字・常用漢字の範囲内だけで漢字を使うことなどありえない。現実に新聞においても、当用漢字に入っていない漢字を使いたいという希望を出し、それが認められていたのである（一五九ページ参照）。まして小説や随筆などの文芸作品では、表内字だけで対応できるはずがない。このように現実にはいつの時代においても、表外字が大量に使用されていた。それでコンピューターで扱う漢字の規格を定めたときには、たくさんの表外字を取りこまざるを得なかったのである。

「表外漢字字体表」の作成

世論に押されるかたちで、国語審議会が表外字の字体の問題をはじめてとりあげたのは第二十期国語審議会であり、同会は平成七年に文部大臣に報告した「新しい時代に応じた国語施策について（審議経過報告）」のなかで「JIS規格の昭和五十八年改正に際して行われた字体の変更によって、現在、ワープロ等で発生している字体の混乱、具体的には『鷗』が出ないというような状況の改善を図るという問題を考える必要がある」と述べ、さらに「現在の社会生活での慣行に基づき、康熙字典体を本則としつつ、略体については現行のJIS規格や新聞などで用いられているものに限って許容していくという方向も考えられる」と今後の大まかな方向を示した。

表外字の字体をどうするかについては続く第二一期にも引き継がれて審議され、それが平成十年六月に「表外漢字字体表（試案）」として報告された。その試案では印刷物において常用漢字とともによく使われる表外字九七八字を検討対象とし、うち字体・字形上に問題があると判断された二一五字を選び出して、それを「いわゆる康熙字典体」で示した。さらにこの試案に入っていない表外字についても、基本的に印刷文字としては「いわゆる康熙字典体」によることを原則とした。

表外字使用の実態

では試案は実際にどのようにデータを分析し、常用漢字とともに使われる表外字を選んだのか、以下に漢字小委員会で主査を務めた樺島忠夫氏が記すところ(「日本の漢字を考える――『表外漢字字体表試案』とは何か」『月刊しにか』一九九九年六月号)によって、その方法を紹介することとする。

試案作成のために用意された資料のうち、調査対象漢字がもっとも多かった『漢字出現頻度数調査』(文化庁文化部国語課編　一九九七)にある「凸版印刷調査データ」によれば、総計七一〇〇あまりの漢字(字体差を含む)を印刷された頻度数によって並べたところ、順位が一番から一〇〇〇番までの漢字では実に九八%が「常用漢字表」所収の漢字であった。よく考えればこれは当たり前のことで、「常用漢字表」に入っているからよく使われ、よく使われるから「常用漢字表」に入っているのである。ちなみにこのデータでもっとも多く印刷されたのは「大」という漢字で、出現回数は二四万六五〇四回とある。第二位が「年」で、以下「人」「山」「一」「中」「本」「日」「上」「子」と続いていく。

このようにデータを見ていくと、一〇〇一番から一五〇〇番まででは常用漢字の割合が八六%、一五〇一番以下二〇〇〇番まででは五九%である。順位が下るにつれて常用漢字にまじって表外字が多く出てくるのだが、一番から三二〇〇番までの漢字のうちに常用漢字が一九三〇字含まれている。常用漢字は全部で一九四五字で構成されているから、うちの一五字がここまでに含まれていないことになる。よく問題にされる「朕」は三五九七位、「璽」はなんと四二八二位であって、これらの漢字の「常用性」については別途に検討を加える必要があるだろうが、その代わりというか、比較的上位の部分には人名用漢字がたくさん登場する。人名が書物に印刷されることが多いのは当然で、しかも人名用漢字として認定された年が早ければ早いほど社会的な認知度と定着率が高いから、表外字ではあっても印刷物では当然そのような漢字がよく使われることになる。

このような表外字に関する分析と整理がさらに第二二期国語審議会に引き継がれ、平成十二年九月に、国語審議会で漢字の問題をあつかう第二委員会（樺島忠夫主査）からの試案として「表外漢字字体表（案）」が公表された。それに対して社会から賛否両論のコメントが相当数あったので、委員会はそれをふまえて審議を重ね、最終的に平成十二年十二月八日の国語審議会総会で「表外漢字字体表」として文部大臣に答申した。

この答申は、法令、公用文書、新聞、雑誌、放送等、一般の社会生活において、表外字を使用する場合の「字体選択のよりどころ」となることを目指したもので、常用漢字とともに使われる表外字のうち代表的なものとして一〇二二字をあげ、それぞれの漢字を印刷するときの標準字体を「印刷標準字体」という名称で提示した。またうちの二二字については、社会に一定程度認知されていると思われる俗字体と略字体等を「簡易慣用字体」とした。なお「表外漢字字体表」は印刷文字を対象としており、手書き文字を対象とはしていない。ちなみにここでいう「印刷文字」には、情報機器の画面上で使用される文字や字幕で使用される文字などのうち、印刷文字に準じて考えることができる文字も含まれている。

三部首許容

以上が「表外漢字字体表」の概要であるが、これに関して一つ付け加えておきたいことがある。それは「三部首許容」ということがらについてである。

私は第二二期国語審議会の委員に任じられ、第二委員会に所属して樺島主査のもとで「表外漢字字体表」作成の議論に参加していたのでよく覚えているが、あるとき小委員会に新聞業界からの代表者が陳情にこられたことがあった。陳情は以下のような内容であった。

今回の字体表ではシンニョウと示へんと食へんの部首をもつ表外字では、いわゆる康熙字典体で表に掲げられることになっている。具体的にはシンニョウは一点シンニョウではなく二点シンニョウで、示へんは《ネ》ではなく《示》の形で、食へんは《飠》ではなく《飠》の形で提示されることになっているが、新聞社のなかにはこれまでの種々のいきさつから、表外字であっても一点シンニョウ・《ネ》・《飠》の形で作った活字を保有しているところがたくさんある。このような活字をいまから新たに康熙字典体に作り替えるのは、作業面でもコスト面でも大変なので、表外字でも一点シンニョウ・《ネ》・《飠》で作った活字など現有資産があるものについては、その使用を認めてほしい。

こんなところにもそれまでの漢字施策のツケがまわってきたわけだが、聞けばもっともな話なので、小委員会で議論した結果、新聞業界からの要望を聞き入れて、その三つの部首にかぎっては、すでにその字体が資産として保有されているものについてその使用を認めることとした。

これを「三部首許容」という。そのことは答申された「表外漢字字体表」の「II　字体表　字体表の見方」の5として、

3部首（しんにゅう／しめすへん／しょくへん）については、印刷標準字体として

> 「⻌／示／飠」の字形を示してあるが、現に印刷文字として「⻌／ネ／⻟」の字形を用いている場合においては、これを印刷標準字体の字形に変更することを求めるものではない。これを3部首許容と呼ぶ。
>
> 　備考欄の「3部首」は、上記の3部首許容に該当するものを示すが、「謎」や「榊」など3部首許容に準じるものについても、同様に「3部首」とした。また、この字体表に掲げられていない表外漢字についても、現に印刷文字として「⻌／ネ／⻟」の字形を用いているものについては、3部首許容を適用してよい。

と記されている通りである。

　ここで明言されているのはあくまでも「現に印刷文字として」用いられているものにかぎっての話であって、これからあらたに活字を鋳造したり、フォントを設計したりする場合にも「⻌／ネ／⻟」の形を許容するということでは決してない。ところが「三部首許容」という名称が独り歩きした結果であろうか、世間の一部には、その三つの部首についてはどちらでもかまわないのだという認識が存在するようだ。だがそれは大きな誤解であることを、ここであらためて指摘しておきたい。

第4章　「常用漢字表」の改定

4-1 「己」と「巳」は同じか

IT機器への適用

表外字に対してずっと冷淡な態度を取りつづけていた国語審議会が重い腰をあげて「表外漢字字体表」を作ったのは、社会のすみずみまで普及した情報機器の画面で表示される漢字と一般の印刷物における漢字の形が、同じ字種でありながら部分的に食いちがっていることが大きな問題とされたことが発端であった。それで一〇〇〇字を超える表外字について、印刷するときの規範的な字体である「印刷標準字体」と「簡易慣用字体」を定めたわけだが、しかし文部科学省や文化庁という省庁が、印刷物での表外字の標準字体を決めたところで、それだけでは問題はなにひとつ解決されない。

とくにネックになるのは情報機器で表示される漢字であり、あらたに決められた表外字の標準字体が実際にパソコンなどに表示されなければ、学校の教師が作る日本文学史の教材では、いつまで経っても明治の文豪は「森鴎外」と、志賀直哉の名作は「清兵衛と瓢箪」としか印刷されず、地理の教科書に「飛驒」と書かれている地名が試験問題では「飛騨」としか印刷されないのである。

「表外漢字字体表」で示された字体は、電子機器で対応されなければ、ほとんど意味をもたないものであった。もちろんそのことは国語審議会でも議論されたことであって、そのことが「表外漢字字体表」の前文「4　その他関連事項」の「(2) 情報機器との関係」という部分に、

今後、情報機器の一層の普及が予想される中で、その情報機器に搭載される表外漢字の字体については、表外漢字字体表の趣旨が生かされることが望ましい。このことは、国内の文字コードや国際的な文字コードの問題と直接かかわっており、将来的に文字コードの見直しがある場合、表外漢字字体表の趣旨が生かせる形での改訂が望まれる。改訂に当たっては、関係各機関の十分な連携と各方面への適切な配慮の下に検討される必要があろう。

と述べられている。つまり役所で決めただけではなんの効果もないから、情報機器を管轄する部署や組織でもこの字体表の認識と成果に十分に配慮してほしいと要望しているわけだ。これまでの国語審議会で決められた各種の漢字施策が、とくに「当用漢字表」の時代では、「高名な委員たちが相談して決めたものだから、つべこべいわずにその通りにしろ」とばかりに、唯我独尊的な「決めっぱなし」方式であったという印象があるのに対して、

「表外漢字字体表」では国語審議会から他の組織への積極的な働きかけをおこなった。

この提言と要望に対して、情報機器を扱う組織からの対応は非常に早かった。平成十二年に「表外漢字字体表」が作られたときでは、JIS漢字規格にはまだ多くの拡張新字体が例示字体に含まれていて、いわゆる「康熙字典体」を採用した「表外漢字字体表」とはいくつかの漢字について無視できない大きな字体差があった。

「包摂」という考え方

かつてのJISの漢字に関する規格では、「鴎」と「鷗」や、「掴」と「摑」など見かけ上からもあきらかに字体差と考えられるものについて、それを相互に区別せずひとつの符号位置に対応させていた。そのことはJIS漢字規格に「各区点位置では、そこに包摂される字体は、相互に区別されない」と書かれている通りだが（JIS X 0208 規格票「6.6.3 漢字の字体の包摂規準」）、複数の字体を一つの符号位置に対応させれば、画面上ではいくつかのグループのうちの一つしか表示できないということになってしまう。

JIS漢字の考え方では、「鴎」と「鷗」はどちらも「カモメ」という鳥を表す漢字であって、どちらを使ってもまちがいなくその鳥を表現できる。ただカモメという鳥を表す漢字にコードをあたえて、それを規格票という書物に明示するときには実際にその漢字を印刷しなければならない。それで83JISでは「過去の規格との互換性を維持するための包摂規準」を特に設けて「鴎」を例示字体としたが、それが「鷗」という字体に置き換えられても別にかまわない。なぜなら両者は「包摂」の関係にある、つまり「鴎」と「鷗」は同じ符号位置に割り当てられているからだというわけだが、しかし「鷗」が画面に出れば「鴎」は表示できなくなる。

「包摂」ということばを『広辞苑』で引くと、論理学で使われる「ある概念が、より一般的な概念に包括される従属関係」という意味が記されている。なるほど、JISは複数の字体が従属関係にあることを「包摂」と表現したのだろう。しかし中国や日本での伝統的学問においてもっともメジャーな領域の一つとして、これまでに膨大な蓄積が作られてきた漢字の研究史において、「包摂」という考え方はまったく存在しなかった（だから私ははじめてそれを聞いたとき、なんのことかわからなかった）。そのことばが使われたのは私の知るかぎり、日本のJIS規格で一九九七年に明文化されたのがはじめてであった。もし過去の中国で「包摂」という考え方があったなら、一〇四―一〇六ページで紹介した唐代の異体字の整理作業などまったく必要ないことだったし、科挙の受験者が「學」を「学」と書き、「樂」を「楽」と書いたという理由で減点されたら、両者は包摂されるものであると受験者は強弁することもできただろう。

さらには、JIS X 0208 の規格書では、《己》と《巳》も包摂の関係にあるとされている。しかしこれを見て、馬鹿も休み休みいいたまえ！　とつぶやきたくなるのは、決して私一人ではないだろう。《己》と《巳》は、まったくの別字である。そんなことはちょっと漢字に詳しい人にはなんの説明も必要ないだろうが、「己」は「おのれ」であり、「巳」はエトのヘビである。またヘンやツクリにおいて使われる場合でも、「祀」のツクリを《己》にしたらあきらかに誤字である。「巳」と「己」と「已」については、かつて日本の学校で「巳《み》は上に、己《おのれ》己《つちのと》下につき、半《なか》ば開《あ》くれば已《すで》に已《や》む已《のみ》」といういい方で、その区別が教えられた。実際にはとくに中国の刊本において、三者が区別されずに使われたことも珍しくはないのだが、しかし漢字としては三者はそれぞれまったくの別字である。

このようにまったく別の漢字を「包摂」するのは、和菓子を買いに行って栗饅頭を注文したらイチゴ大福を出され、文句をいったら両者は「包摂」されています、と答えられることといったいどうちがうのだろうか。

そのほかにも規格票の「漢字の字体の包摂規準の詳細」を見ていると、《教》と《敎》、《曽》と《曾》、《黒》と《黑》、《少》と《少》、《間》と《閒》などが「包摂」の関係にあるという。伝統的な領域での漢字研究者の立場からいわせてもらえば、あいた口がふさがらない。

もともとJIS漢字の「包摂」という考え方には大きな無理があった。そして現実の社会で「鷗」と「鴎」をはっきり字体差として捉える議論が展開されるにいたって、そのような小手先だけの弥縫策で対応できる状況ではなくなった。

ＪＩＳ側での対応

そのＪＩＳ漢字が「表外漢字字体表」制定の四年後（平成十六年）に「JIS X 0213:2004」という規格に改定されたときに、規格票に印刷される例示字形を基本的に「表外漢字字体表」での字体に準拠した。これをうけてパソコンを動かす基本的なソフトにおいても、マイクロソフトは新しいＯＳであるWindows Vistaにおいて標準日本語フォントをJIS X 0213:2004に準拠し、アップルもMac OS X 10.5以降そのフォントを標準搭載した（このとき同時に、旧来の字形を画面上に表示できる仕組みも公開されている）。これによって新しいＯＳの上では「表外漢字字体表」とパソコンでの漢字の不整合が解消されることとなった。ただしJIS X 0208は一九九七年以後まったく変更されていないから、その規格を搭載しているパソコンや携帯電話、電子辞書などでは、いまも「鴎」や「涜」などが表示される。

さらに平成十六年に法務省が人名用漢字を大量に追加する際にも、あらたに加えられる人名用漢字については原則として「表外漢字字体表」の字体を採用すると決めた。その委員会（法制審議会人名用漢字部会）には私も委員として参加していたが、その委員会に幹事として出席していた文化庁国語課主任国語調査官が、字体については「表外漢字字体表」に準拠するべきだと熱弁をふるったことを私はいまもはっきりと記憶している。

4－2　「改定常用漢字表」における目安

電子時代の「漢字の目安」

ここ十数年における情報技術の進展は、私たちの日常生活にかかわるさまざまな方面で、きわめて大きな影響と恩恵をあたえてきた。一昔前は飛行機や新幹線の切符を買うために窓口に並ばねばならず、とくに盆や正月に帰省する切符を取るために発売開始日の前日から並ぶ人も珍しくなかったものだが、いまではインターネットや携帯電話でいとも簡単に入手できるようになった。銀行から預金を引き出すのにはかつて通帳と印鑑が必要だったことを、いまの大学生たちはすでに知らない。新聞の書評で知った新刊本を買うために通勤途中でターミナルの書店にしばしば立ち寄ったものだが、それもネットで買えばほどなく自宅に届く。コンビニで買い物をするときに携帯電話やカードで「シャリーン」という音とともに支払いをすれば、財布のなかに一円玉や五円玉がたまってかさばるということもない。

これらはすべてコンピューターのおかげであり、まことに便利になったものだとつくづく思う。そして文章を書くという行為も、コンピューターの発達のおかげできわめて便利になり、たくさんの人が気軽に日本語の文章を書くようになった。

かつての日本人は、自分で文章を書くということがほとんどなかった。私の父親は六一歳で没するまでの数十年間、活版印刷業を営んでいた。父は旧制の専門学校を卒業したから一通りの勉強はしてきたと思えるし、晩年の趣味の一つは読書であった。さらに印刷という仕事を通じて、毎日大量の漢字とつきあっていた。しかし父は、業務として帳簿や日報を記録することはあったが、仕事から離れた場では文章などめったに書かなかった。

ひまがあれば友人に手紙を書く「筆まめ」な人をのぞいて、多くの人は自分で文章を書くという行為とほとんど無縁だった。ところがコンピューターが普及してから、日常的に文章を書く人が激増した。機械を操作することが面白いからなのか、あるいは文章をこつこつと手で書く苦労から解放されたからなのか、ともかくそれまで文章などほとんど書かなかった人が、頼まれもしないのに大量に文章を書き出すようになった。昨今ではインターネット上でブログやツイッターとやらが大流行だが、それらを見ていると、「一億総文筆家」といっても過言ではないほどの状況が出現しつつあるとまで思える（もちろん書かれる文章の質を問わなければの話だが）。

携帯電話による電子メールやメッセージの流行が、その傾向に拍車をかけた。いまでは小学生から老人まで、実に多くの人が、喫茶店や電車の中はもちろんのこと、時には街頭で立ったまま、本当に寸暇を惜しんでという表現がぴったりするほどこまめにメールをやりとりしているが、しかしそんなに頻繁にメールをやりとりしている人のすべてが、もともと「筆まめ」だったというわけではない。むしろ事実は逆で、学生時代に課題としてあたえられた作文や読書感想文が苦手だった、あるいは大嫌いだったという人の方が、圧倒的に多いはずだ。

情報機器を用いて日本語を書くという行為がきわめて普通のこととなったとき、一般社会でまだ情報機器がほとんど利用されていなかった昭和五十六年に策定された「常用漢字表」が示している「漢字使用の目安」が大きくゆらぎはじめたのは、だれの目にもあきらかな事実だった。

文部科学大臣が文化審議会国語分科会（従来の「国語審議会」は中央省庁再編の動きにともなう審議会の削減により、「表外漢字字体表」を答申した平成十二年末で廃止され、かわって文化審議会国語分科会が国語の問題を扱うようになった）に対して「情報化時代に対応する漢字政策の在り方について」を平成十七年三月三十日に諮問したのも、時代の流れから見れば、むしろ遅きに失した感すらあるだろう（同時に「敬語に関する具体的な指針の作成について」も諮問され、それについては漢字よりも早く平成十九年二月に「敬語の指針」が答申されたが、本書の内容に関わる部分がないので省略する）。

その文部科学大臣からの諮問理由には、次のように述べられている。

種々の社会変化の中でも、情報化の進展に伴う、パソコンや携帯電話などの情報機器の普及は人々の言語生活とりわけ、その漢字使用に大きな影響を与えている。このような状況にあって「法令、公用文書、新聞、雑誌、放送など、一般の社会生活において、現代の国語を書き表す場合の漢字使用の目安」である常用漢字表（昭和五十六年内閣告示・訓令）が、果たして、情報化の進展する現在においても「漢字使用の目安」として十分機能しているのかどうか、検討する時期に来ている。

常用漢字表の在り方を検討するに当たっては、ＪＩＳ漢字や人名用漢字との関係を踏まえて、日本の漢字全体をどのように考えていくかという観点から総合的な漢字政策の構築を目指していく必要がある。その場合、これまで国語施策として明確な方針を示してこなかった固有名詞の扱いについても、基本的な考え方を整理していくことが不可欠となる。

また、情報機器の広範な普及は、一方で、一般の文字生活において人々が手書きをする機会を確実に減らしている。漢字を手で書くことをどのように位置付けるかについては、情報化が進展すればするほど、重要な課題として検討することが求められる。検討に際しては、漢字の習得及び運用面とのかかわり、手書き自体が大切な文化であるという二つの面から整理していくことが望まれる。

この諮問理由で述べられていることは、以下の三点に集約できる。

1　情報化時代において、かつての「漢字使用の目安」が十分に機能しているか
2　これまでは特別の措置を講じてこなかった固有名詞をどのように扱うか
3　情報化時代に手書きの文化をどう位置づけるべきか

この三点についてはもちろん、国語分科会のなかに設置された「漢字小委員会」で詳しく議論された。それぞれの項目について「常用漢字表」改定作業のなかでどのように考えられ、提言されたか、その具体的な状況については、もう少しあとでいささか詳しく述べることとする。

制定までの流れ

文部科学大臣からの諮問を受けて、国語分科会では漢字小委員会とその下にワーキンググループを設置して検討を進めることとした。小委員会ではまず大原則として、国家による総合的な漢字施策の核となるものが漢字表であることを確認し、また現今の「常用漢字表」が情報機器の普及を想定せずに作成されたものであって、社会生活で目にする漢字の量が増えている現実をふまえ、「漢字使用の目安」についても新しい視野で見直すことが必要であると合意した。

次に漢字表を作るための基本的な考え方として、国語施策としての漢字表の必要性、JIS漢字との関連、手書きの重要性、固有名詞における漢字の問題などを検討し、それをふまえて新しく作られる漢字表の性格や、そこに採用される字種と音訓などの選定方針、字体の考え方、手書き字形との関係などについて議論を繰り返した。

上記の各項目のなかに「教育」が入っていないことを不思議に思う方がおられるかも知れない。漢字小委員会には数名の国語教育方面の専門家も参加されており、その複数の委員からは、新しい漢字表の作成にあたっては小中学校における漢字教育という面ともリンクさせて考えるべきだという意見が強く提起された。しかし学校教育で扱う漢字はむしろ、文部科学省が告示する教育課程の基準である「学習指導要領」で扱われるものであって、「常用漢字表」が直接の対象とする領域ではない。「常用漢字表」が想定している「一般の社会生活における漢字使用」は、義務教育における学習を終えたのち、ある程度実社会や学校での生活を経た人を対象として考えたものであり、「小中学生には読めない難しい漢字」であっても、調査と分析の結果として必要であれば「表」に加えるべきであるのは当然である。学校で教えるには難しすぎるからといって、大人がその漢字の使用をがまんしなければならないという理由はどこにもない。

とまれこうして四年の時間をかけて、平成二十一年一月に「『新常用漢字表（仮称）』に関する試案」をまとめて文化庁のホームページに掲載し、一ヶ月にわたって各方面からの意見をもとめた。この「パブリックコメント」に対して、男女を問わず小学生から九十歳の高齢者まで、実に多くの人から、大量の意見や指摘がメールやファックス、あるいは郵便で寄せられた。それは漢字に関する世間の関心の高さをひしひしと感じさせるものであった。

たくさん寄せられた意見のなかには、「私はこの漢字が好きですから常用漢字に入れて下さい」とか「自分の名前に使われている漢字を常用漢字にせよ」というように、真正面からの議論には取りあげにくいものもあるにはあったが、ほとんどは傾聴すべき有意義な意見であった。

届いた意見は内容を大まかに分類したうえで、すべて委員たちに郵送された。Ａ４判で一〇〇〇枚を超える大量の資料であったが、委員たちはそれを熱心に読んで分析し、数回にわたる委員会においてそれら一つ一つの意見に対して慎重かつ丁寧に検討を加えた。

その結果が平成二十一年十一月に「『改定常用漢字表』に関する試案」（第二次試案）としてまとめられ、ふたたび一ヶ月にわたるパブリックコメントをおこなって、ここでもさらに寄せられた意見を検討して若干の修正を加えた。

そのパブリックコメントとは別に、文化庁は平成二十二年二月から三月にかけて、今回追加あるいは削除される候補となった字種について、「常用漢字表に関する意識調査」という名のアンケートを実施した。それは全国十六歳以上の男女四一〇八名に対して面接調査をおこなったもので、「常用漢字表」そのものや今回の見直しに対する認知度、それに今回追加や削除の候補となっている漢字に対する印象などを調査したもので、ここでは詳細な数値を省略するが、調査の結果は、追加と削除の字種の選定が多くの人々から妥当であると認められたことを確認できるものであった。

こうして最終的にまとめられた「改定常用漢字表（答申案）」が平成二十二年六月七日に開催された文化審議会の総会で了承され、川端達夫文部科学大臣に答申された。これが二十二年十一月に内閣告示とされた。それまでの「常用漢字表」昭和五十六年に制定されたものだから、実に二十九年ぶりの改定となった。なお文化審議会答申「改定常用漢字表」の全文は、文化庁のホームページから入手することができる。

「改定常用漢字表」の性格

「改定常用漢字表」は、これまでの「常用漢字表」と同じく、法令・公用文書・新聞・雑誌・放送等、一般の社会生活で用いる場合の効率的で共通性の高い漢字を収め、わかりやすく通じやすい文章を書き表すための漢字使用の目安となることを目指したものである。ここで想定されている対象は、義務教育における学習を終えたのち、ある程度実社会や学校での生活を経た人であるが、しかしこの表は昭和五十六年制定の「常用漢字表」と同じく、科学技術や芸術その他の各種専門分野や、個々人の表記をしばるものではない。

また従来の「常用漢字表」と同じく、原則的には人名や地名など固有名詞を対象とするものでもないと明記されたが、しかし今回の改定にあたっては、一般の漢字使用において公共性がきわめて高いと思われる都道府県名に用いる漢字とそれに準じる漢字（具体的には韓国の「韓」と近畿の「畿」）を例外として表に追加した。

一般の社会生活における漢字使用の「目安」であるから、これが内閣から告示訓令されても、この表に収められている漢字だけを使って文章を書かなければいけないというわけではない。また表に入っていない漢字であっても、必要に応じて振り仮名などをつけて使うことも、逆に表にある漢字であっても読み手に配慮して振り仮名などをつけて使うことももちろんさしつかえない。

表に取り入れる字種と音訓については、昭和五十六年の「常用漢字表」と現代の社会生活における漢字使用の実態との間に生じていたずれを解消するという観点から、一般社会においてよく使われる漢字を選定することに努めた。まずどのような漢字がよく使われているのかを把握するために、平成十六年から十八年のあいだに大手印刷会社で組版された主要な書籍や教科書、それに雑誌のデータ（漢字出現総数約四九〇〇万字）と二ヶ月分の新聞（朝日新聞と読売新聞）のデータ（漢字出現総数約三五〇〇万字ずつ）、それにウェブサイトにおける二ヶ月分のデータ（漢字出現総数約一三億九〇〇〇万字）を基礎として漢字の出現頻度を調査し、さらに個々の漢字がどのようなことばとして使われているのかを把握するために、組版データに基づいて対象漢字の前後の文字まで調査範囲を広げた出現文字列頻度数調査をおこなった。

こうした調査結果を基に、それぞれの漢字が一般の社会生活において使用される熟語をどのくらいもっているか、また漢字仮名交じり文においてその字を使うことで読みやすくわかりやすくなるのかどうか、あるいは一般の社会生活において使用される概念の表現に必要か、などという面をも考慮して総合的に判断をおこない、字種と音訓の追加や削除を決定した。また二度実施したパブリックコメントで寄せられた意見についても、選定の基準に照らして説得力のある理由が示されているものについては、一つ一つさまざまな観点から検討を重ねて取り入れた。この作業はおもにワーキンググループでおこなわれたのだが、作業が集中した時期にはほとんど毎週のように、朝の十時から夕刻六時すぎまで文化庁の会議室にカンヅメになるという状態だった。このワーキンググループによる原案が小委員会にかけられて議論され、その結果として旧来の「常用漢字表」に一九六字を追加し、またそこから五字（勺・匁・錘・銑・脹）を削除して、全体として二一三六字を収めた漢字表ができあがった。

かつての「常用漢字表」との大きなちがいとしては、今回の改定の主眼であった情報機器の普及という実態による変化をふまえて、すべての漢字を手書きできることを求めるものではないことを明記したこと、それに固有名詞のうち都道府県名に使う漢字とそれに準じる漢字を追加した点があげられる。また削除となった五字については、今後使えなくなるのではないかという誤解も一部にあるが、それぞれの専門分野において使用することや振り仮名等を付して一般に使用することには何の問題もないことを付言しておく。

情報化社会における「漢字使用の目安」

さて二四八―二四九ページに引いた文部科学大臣からの諮問理由に書かれている三点について、委員会における議論の概要を紹介しよう。ただし以下に述べることは一委員であった私というフィルターを通しての分析だから、そこには個人的な主観がからんでいる部分があるにちがいない。より客観的で正確な議論の展開を知りたいという方は、文化庁のホームページに掲載されている漢字小委員会の議事録を参照されたい。

さて諮問理由の最初は、情報化時代において、かつての「漢字使用の目安」が十分に機能しているか、という点であった。つまりそれは、パソコンや携帯電話などの情報機器を日常的に使って日本語を書いたり読んだりすることで、漢字をめぐる状況がどう変わるかということだ。

これらの機器が普及したことによって日本語に変化がおこったのはまちがいない事実で、平成十六年に文化庁がおこなった「国語に関する世論調査」でも、情報機器を使うと漢字をより多く使う傾向があることが報告されている。

漢字を一つずつ手書きで書いていたときには、漢字は覚えにくく、書きにくい、まことにやっかいな文字だった。それがいまでは、「憂鬱」や「語彙」、「嫉妬」、「憧憬」など、多くの人にはなかなか手書きで書けなかったことばも、キーをいくつか押すだけで簡単に画面に表示でき、ボタン一つで印刷までできてしまう。漢字はいつの間にか「書く」文字から「打つ」文字へと変化していた。

キーボードから入力したことばに対しては、画面上にいくつかの変換候補が表示されるから、そこから正しい漢字を選ぶ能力さえあれば、文章中に漢字を使うことが格段に容易になった。こうして情報機器で使える漢字であれば、いわば「使いたい放題」という状態が簡単に出現した。しかしこのことは「両刃の剣」であって、たしかに便利ではあるものの、しかしそれを放置しておけば、めったに使われない難しい漢字が文章中にどんどん使われることにもなりかねず、そうなればそれを読まされる相手とのあいだで、コミュニケーションに関する大きな問題が発生する危険がある。

情報機器の発展によって漢字は使いやすくなったが、だからといって無制限に使ってよいというものでもない。そのためには新しい時代に対応した漢字使用の範囲を策定し、それをあらたな「目安」として漢字を使うことを呼びかける必要がある。これこそが今回の「改定常用漢字表」での最大の眼目であった。

書けなくても読める漢字

これまでは必要な漢字をすべて手で書かねばならなかった。しかしこれからは、かならず手書きで書けなければならない一群の基本的な漢字群と、意味と使い方を正しく把握さえできていれば、必ずしも手で正確に書けなくてもよい漢字群というように、漢字全体を二層の構造にわけ、そのどちらをも文化の発展に必要な文字として視野にいれてゆくべきであろう。

このような認識に立った上で、今回の改定では「意味と使い方を正しく把握していれば、必ずしも手で書けなくともよい」という漢字群を、主として近年の印刷物における使用頻度調査によって抽出して表に追加する候補とした。具体的には「憂鬱」の「鬱」や「語彙」の「彙」、「嫉妬」、「溺愛」の「溺」、「精緻」の「緻」などがそれにあたる。これらは画数が多く、これまでは「難しい漢字」とされてきたが、仮名書きよりも漢字表記の方がわかりやすいという意見が従来から強く存在していた。さらに印刷物における使用頻度が高いことから、社会的に常用されていると認められて、今回の改定で表に追加されることとなった。

シンニョウの点の数

情報化社会への対応の一つとして、追加する漢字の字体も重要な問題となった。二度にわたって実施されたパブリックコメントでも、もっとも多くの意見が寄せられたのは字体の問題で、とくにシンニョウの点の数について、賛否両論の意見がたくさん寄せられた。シンニョウという部首は、中国でも日本でも伝統的には二点シンニョウすなわち《辶》の形で印刷されるのが普通だった。それがいまの日本では、一点の《辶》という形が多くの人になじまれている。

シンニョウはもともと《彳》と《止》を組みあわせた会意の文字で、《彳》は「行」の左半分が独立した形である。その「行」は道路が四方に延びている形をかたどったものだから、左半分だけが独立した《彳》にも「道路」という意味がある。この《彳》の下に、人間の足跡を示す《止》を配置すれば《辵》となり、これがほかでもなくシンニョウである。だからシンニョウをともなう漢字は、篆書ではその部分が《辵》と書かれているし、伝統的な漢字字典の部首では、シンニョウの漢字は七画の《辵》部に収められる。

この形が隷書になったときに大きく簡略化された。隷書の字形は、現在では漢代の遺跡から大量に発見される木簡や竹簡によって具体的に知ることができるが、その中のシンニョウには、ほとんどアルファベットの「L」と見えるほどに簡略化されたものまである。

次頁の図版は「居延《きよえん》漢簡」（漢が匈奴に対抗するために西北地域に設けた砦「居延」の遺跡から発見された木簡）に書かれた「通」であるが、木簡に記録されるシンニョウの部分には、点が一つのものも二つのものもあるし、点がないものもある。この時代でもシンニョ

漢　居延漢簡
二玄社刊『大書源』
辵部より

ウの点はどちらでもよかったのだ。

ところが唐代になって、科挙の出題と採点などの必要から、楷書字形の規範を定める必要が起こってきた。そのために作られた『五経文字』や『九経字様』、あるいは『干禄《かんろく》字書』（二〇六―一〇七ページ参照）といった書物では、シンニョウはいずれも点一つの《⻌》で書かれている。次頁の図版は唐玄度撰『九経字様』の「⻌部」で、そこにもすべて一点シンニョウが使われている。

しかしさらにのちになると、シンニョウの上部は点を二つ書くのが正しいとされるようになった。清代に皇帝の命令によって編纂された『康熙字典』の本文では、シンニョウはすべて《⻍》となっている。そしてこの字典に収録された字形が、中国でも日本でも、やがて漢字のもっとも規範的な字形を示すものと考えられるようになった。《⻍》が正規の形とされるのは、元来の構成要素にある《辵》での第一画と第二画をそのままに残すべきだと考えた結果だろう。そしてそれは文字の成り立ちから考えれば、正しい見解といえる。だから現在の中国から出版される書物でも、たとえば中華書局から出ている活字本『二十四史』など伝統的な学術体系をふまえるものでは、シンニョウは《⻌》の形で印刷されることが多い。

いまの日本には《辶》と《⻌》の形が混在している。それは戦後の国語改革で制定された昭和二十四年の「当用漢字字体表」でシンニョウを《辶》としたからで、当用漢字（及びその改定版である常用漢字）に収められるシンニョウの文字はすべて《辶》に統一され

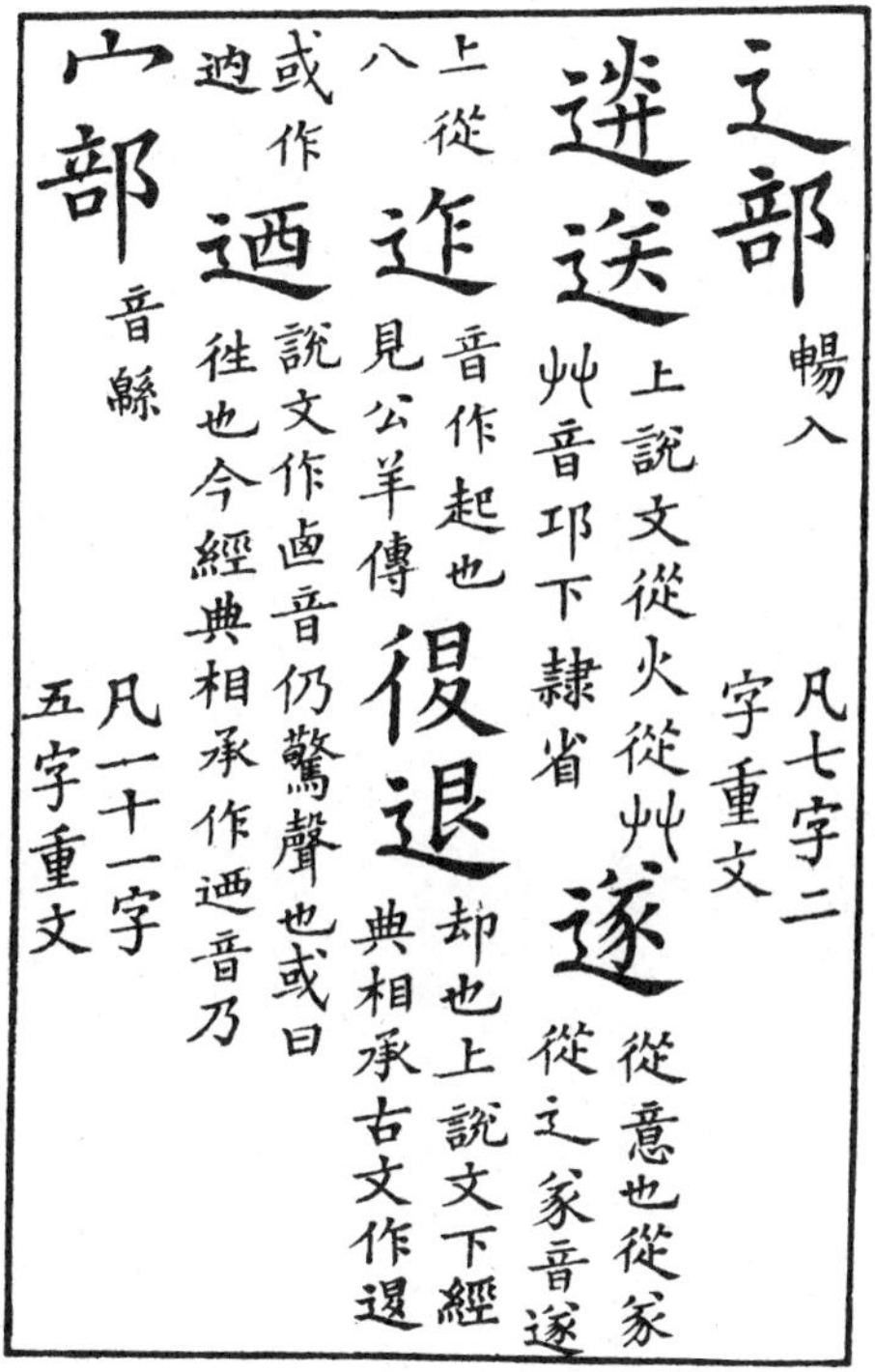

辵部 暢入 凡七字二字重文
迸 送 上説文從火從艸 艸音卭下隷省 遂 從意也從豕 從辵豕音遂
上從八 迮 音作起也 見公羊傳 復 退 却也上説文下經典相承古文作退
或作迺 迺 説文作卣音仍驚聲也或曰 往也今經典相承作迺音乃 凡一十一字 五字重文
宀部 音緜

『九経字様』

た。「常用漢字表」制定の段階であらたに加えられた九五字のうちシンニョウを含む漢字には「逝」と「遮」の二つがあったが、それらはいずれも一点シンニョウの形で「表」に掲載された。

しかし今回の改定で追加された字種のうち、シンニョウを含む「遜」「遡」「謎」の三字は、二点の形で「表」に掲出され、それぞれの見出し字のあとに置かれたカッコ内に、手書き字形として一点シンニョウの字体が掲げられている。

この問題をめぐっては、委員会でもなんども議論が繰りかえされた。とくに国語教育に関わる複数の委員からは、小学校で五年生に配当される「迷」という漢字を習うときには一点シンニョウの形で出てくるのに、それにゴンベンがついた「謎」が二点シンニョウになるというのでは、教育の現場における指導が難しく、子供たちに理解させるのが大変だとの指摘が提起された。パブリックコメントでも同様の意見がたくさん寄せられた。新聞界代表として出席していた委員からも、同一部首における字体は統一するべきだとの意見が強く出されていた。私にももちろん、その議論はわからないでもない。

しかしもし「謎」を含むその三字を一点シンニョウの形で「表」に掲出すると、パソコンなど情報機器に表示される字体と齟齬が生じるということになってしまうのである。つまりパソコンなどで表示される字体と「常用漢字表」の字体がちがうということになる。表内字の字体が情報機器で表示できないのは由々しきことであって、とくに最近では急激に利用者が増えている電子辞書で常用漢字体が表示されないのは、まことに深刻な事態である。

ＪＩＳ漢字のシンニョウについては、事情はいささかこみいっていた。というのはＪＩＳはよく使われる漢字を集めた第一水準と、地名など特定の場合に使われる第二水準に分かれているが、X 0208まではそれぞれの部分においてシンニョウの形がちがい、第一水準は一点シンニョウ、第二水準では二点シンニョウとなっている。だからその規格で「まいしんする」を変換すると「邁進する」と出ることになる（進は常用漢字で第一水準、邁は第二水準）。また「であう」ことを意味する「かいこう」を変換すると「邂逅」と、どちらも二点シンニョウの形で表示されるのだが、それはどちらも第二水準に入っている漢字だからである。

しかし現在のパソコンなどの情報機器で使われている漢字規格は、平成十六年に改定された「7ビット及び8ビットの2バイト情報交換用符号化拡張漢字集合」（JIS X 0213:2004）であり、それは「表外漢字字体表」にあわせて、シンニョウを含むこれまでの表外字をすべて二点シンニョウの形で例示している（従来からの常用漢字はもちろん一点シンニョウである）。だから今回追加される前は表外字であった「遜」「遡」「謎」の三字も、二点シンニョウとなっている。

もちろんこの三字について、今回の表内字への「昇格」を機に、情報機器での字体を一点シンニョウにあらためればよいという意見がある。それは非常に合理的に思える意見なのだが、しかしことはそう簡単ではない。字体をあらためるためには億単位の費用が必要になり、メーカーサイドに莫大な負担を強いることになる。さらにユーザーの側においても、これまで電子機器で作成した文書が保有資産となっているものでは、三字は当然二点シンニョウの形になっている。それを一点シンニョウとすれば、作成時における漢字コードの年式のちがいによって表示される字体が異なるという現象が頻繁に発生することは目に見えている。

同一の字種でありながら機械によって表示される字体がことなるという現象が、これからの長期にわたってたえず発生することは、文字文化にとって非常に深刻な混乱にほかならない。それで委員会では最終的には現状を追認して混乱を回避するという目的のもとに、二点シンニョウの形を見出し字に採用したというわけだ。それが「最大多数の最大幸福」なのである。

印刷字体と手書き字体は別のもの

しかし前述した新聞界からの主張や教育上の問題も看過できないものであって、もちろん放置するわけにはいかない。ではどうすればいいのか？

この問題を解決するためには、同じ漢字でも手書きで書くときと印刷するときには、実際には形がちがっているという事実に対する認識を、社会全体にも教育現場にも深く浸透させる必要があるだろう。

そのことについて「改定常用漢字表」は、「4　追加字種の字体について」の「（3）手書き字形に対する手当て等」という項目において、

> 特に「しんにゅう」「しょくへん」については、同じ「しんにゅう／しょくへん」でありながら、現行の「辶／𩙿」の字形に対して「⻍／飠」の字形が混在することになる。この点に関し、印刷文字に対する手当てとしては、
>
> 「しんにゅう／しょくへん」にかかわる字のうち、「⻍／飠」の字形が通用字体であるものについては、「辶／𩙿」の字形を角括弧に入れて許容字体として併せ示した。当該の字に関して、現に印刷文字として許容字体を用いている場合、通用字体である「⻍／飠」の字形に改める必要はない。
>
> という「字体の許容」を行い、更に当該の字の備考欄には、角括弧を付したものが「許容字体」であることを注記した。「字体の許容」を適用するのは、具体的には「遜（遜）・遡（遡）・謎（謎）・餌（餌）・餅（餅）」の5字（いずれも括弧の中が許容字体）である。

また手書き字形（＝「筆写の楷書字形」）に対する手当てとしては、「しんにゅう」

「しょくへん」に限らず、印刷文字字形と手書き字形との関係について、現行常用漢字表にある「(付)字体についての解説」、表外漢字字体表にある「印刷文字字形(明朝体字形)と筆写の楷書字形との関係」を踏襲しながら、実際に手書きをする際の参考となるよう、更に具体例を増やして記述した。
「しんにゅう」の印刷文字字形である「⻌/⻍」に関して付言すれば、どちらの印刷文字字形であっても、手書き字形としては同じ「⻌」の形で書くことが一般的である、という認識を社会全般に普及していく必要がある。(「(付)字体についての解説」参照)

と述べられている。

固有名詞について

次に固有名詞の問題をとりあげる。諮問理由の二番目として、これまで特別の措置が講じられてこなかった固有名詞をどのように扱うか、という点があるからである。

昭和二十一年制定の「当用漢字表」以来、国語施策として告示される漢字規格はいずれも固有名詞を対象としてこなかった。ここでいう固有名詞とは主に地名と姓名に使われる漢字であり、生まれた子供の名前については昭和二十二年制定の「戸籍法」によって一定の規制が設けられているが、地名や姓についてはいまにいたるまでなんの制限も設けられていない。地名や姓はきわめて長い歴史的背景をもっており、それがファクターとして介在しているかぎり、一律に規制できないからである。

固有名詞はまことにやっかいな存在で、地名はともかく、姓名については使われる漢字にこだわる人が非常に多い。

「表外漢字字体表」の作成にたずさわっていたとき、政府が漢字について定めているさまざまな規格を参照する機会が何度もあった。それまで行政による漢字規格についてほとんど無知であった私は、お役所特有のわかりにくい文章に閉口しつつ、それでもいろんな規格を見ているうちに、日本では漢字について実にさまざまなことまで決められていたのだなぁ、と感心したものだった。

なかでも興味深く感じたのは、平成二年十月二十日法務省民事局長通達「氏又は名の記載に用いる文字の取扱いに関する通達等の整理について」という長ったらしい名前のものについている「別表1」である。この「通達」は簡単にいうと、常用漢字と人名用漢字には入っていないが戸籍では使用が認められている字体の一覧表であって、附載される二つの「別表」にそれぞれの具体的な字体があげられている。うちの「別表1」は「氏又は名の記載に用いることのできる俗字表」と題されていて、そこに以下の一五字があげられている。

このあとに注があって、「括弧内のものは、つながりを示すために添えた康熙字典体の

鈎（鉤）	舘（館）	槗（橋）
桒（桑）	髙（高）	嵜（崎）
﨑（崎）	曻（昇）	舩（船）
兎（兔）	渕（淵）	栁（柳）
寳（寶）	濵（濱）	邉（邊）

漢字である」と記されている。この表の意味を要約すると、それぞれのペアにおいて上側にある漢字は括弧内にある康熙字典体の俗字だが、戸籍に氏名を記載する際には使用が認められる、ということにある。

私の知人に「たかはし」さんがいるが、その人の姓は「髙橋」と書くことになっていて、「高橋」と書かれると不愉快に感じるという。かつて「よしだ」という姓の学生がいて、講義の最後に質問にきて、「自分の名字は『𠮷田』ではなく『吉田』で、《吉》の上の部分が《土》になっているのだが、パソコンではこの字が出ないので困っている。J1Sの委員会に先生から申し出てなんとかしてください」と私を困らせた。彼らが語るところでは、先祖代々「髙槗」とか「𠮷田」と書かれてきたのだから、自分の代で勝手に表記を変えることなど考えられない、というのである。

ほかにも「富」に対する「冨」、「島」に対する「嶋」、「梅」と「楳」、「秋」に対する「穐」など、常用漢字に入っている漢字なのに、常用漢字の字体ではない書き方で書かれる字を姓名に使っている人が、だれのまわりにもきっと何人かはいることだろう。

このようにさまざまな異体字が使われる固有名詞をもし常用漢字の対象に加えれば、常用漢字表が適用される「法令・公用文・新聞・雑誌・放送」などで人名を書く際に字種や字体の面で制約をうけることになる。今回追加されることとなった「藤」はかつて表外字であったが、「当用漢字表」あるいは「常用漢字表」に入っていないという理由で「藤田さん」を「ふじ田さん」と書くことなどできるわけがない。初詣でひいたおみくじについて新聞記事なら「大吉」と書けばよいが、しかし自分の姓は「つちよし」であるとこだわる「𠮷田さん」を「吉田さん」と書けば、当の吉田さんからクレームがくることは目に見えている。

そんなわけで、固有名詞に使われる漢字はこれまで当用漢字・常用漢字表の対象外とされてきた。しかし今回の改定では、地名のうちの都道府県名と、それに準じる漢字については、日常的に使用されることが非常に多いことを考慮して、「常用漢字表」に取り入れた。鹿児島県の中学生にとって「栃」はあまりなじみのない漢字であろうが、栃木県の中学生にとってはそれはまさに「常用」される漢字である。岡山県の高校生は「潟」が書けなくてもそれほど困らないが、新潟県の高校生で「潟」が書けなければ困るだろうし、街の看板にときどき見られた「泻」という字体についても、新潟の人なら賛否両論の議論をすることがあるだろう。

このような理由によって、都道府県名の漢字を表内字とするという処置をとった。具体的には埼玉の「埼」、大阪の「阪」、栃木の「栃」、福岡や静岡、岡山の「岡」、茨城の「茨」、奈良の「奈」、愛媛の「媛」、山梨の「梨」、岐阜の「阜」、鹿児島の「鹿」、熊本の「熊」の一一字で、これで都道府県名はすべて常用漢字で表示できるようになった。また韓国の「韓」と近畿の「畿」も、それに準じるものとして表に加えられた。

これに対するパブリックコメントはおおむね好評であって、中には「岡」や「奈」「熊」「鹿」などがこれまで表外字であったことをはじめて知ったという人もたくさんおられたようだ。「常用漢字表」の改定に関する動向を報じる新聞記事でも、この点に関する今回の処置をきわめて妥当なものであると評価するものが圧倒的に多かった。

手書き文化とは

諮問理由の第三は、情報化時代に手書きの文化をどう位置づけるべきかということであった。

情報機器の広範な普及によって、人々が日常生活のなかで手書きで漢字を使って文章を書く機会が確実に減っている。役所や会社などで業務として作成される文書がいまではほとんどコンピューターで作られるようになったのはご存じのとおりで、病院や駅などの待合室に掲示される「お知らせ」や商店のシャッターに貼り出される「臨時休業」の案内、あるいは町内会の回覧板にはさみこまれる「バス旅行の計画」のように身近な文書でも、近頃は手書きのものをあまり見かけなくなった。個人的な生活の場でも、友人への手紙や贈答品に対する礼状、転居通知や赤ちゃん誕生などの挨拶状、さらには年賀状・暑中見舞いなど、かつては当然のように手書きで書かれていた領域にまでどんどんと機械が進出している。数年前に私の講義に出ていた学生は、いつも持ち歩いているノートパソコンで、人には決して見せられない日記を書いているといっていた。パソコンだったら電車に乗っているときでも、ハンバーガーショップにいるときでも、いつでも気が向いたときにさっと書けるし、手で書くよりも書きやすい。それにパスワードをかけているから他人には絶対にのぞかれない、というのがその理由だそうだが、こうなってくると手書きで文章を書くのはいったいどのような場合なのだろうか、とあらためて問いかけたくもなってくる。

しかしいついかなる場所でも情報機器が手元にある、というわけではもちろんない。ひところは「いつでもどこでもインターネット」という意味で「ユビキタス」(もとはラテン語で「遍在」を意味するubiquitous)ということばがよく使われたが、それが実現するのはまだまだ先のことでしかないだろう。だから文書を手で書くことはどんな時代になっても絶対になくならず、いかに情報機器が小さく便利なものになったとしても、日本語を漢字仮名交じり文で書くかぎり、やはり一定量の漢字を手書きで書けなければならないことはまちがいない。

漢字が手書きで書けることを、「緊急事態」的な対応と認識することははなはだ危険である。すなわち漢字を手書きで書けるというのは、情報機器がないから「しかたない」場合におこなう副次的な行為ではなく、むしろ手書きによる筆記こそ言語文化の根幹に位置するものと考えるべきなのである。そしてこれは情報化時代が進めば進むほど、重要な課題として位置づけられなければならない。

漢字を手書きで書くことに関して、今回の常用漢字表は「I　基本的な考え方」の1の（4）に「漢字を手書きすることの重要性」という項目を設けて、次のように記している。


漢字を手で書くことをどのように位置付けていくかについては、情報機器の利用が一般化する中で、早急に整理すべき課題である。その場合、文部科学大臣の諮問理由で述べられていたように、「漢字の習得及び運用面とのかかわり、手書き自体が大切な文化であるという二つの面から整理していく」必要がある。

このうち前者については、漢字の習得時と運用時に分けて考えることができる。情報機器を利用する場合にも、後述するように、情報機器の利用に特有な漢字習得が行われていると考えられるが、情報機器の利用が今後、更に日常化・一般化しても、習得時に当たる小学校・中学校では、それぞれの年代を通じて書き取りの練習を行うことが必要である。それは、書き取り練習の中で繰り返し漢字を手書きすることで、視覚、触覚、運動感覚など様々な感覚が複合する形でかかわることになるためである。これによって、脳が活性化されるとともに、漢字の習得に大きく寄与する。このような形で漢字を習得していくことは、漢字の基本的な運筆を確実に身に付けさせるだけでなく、将来、漢字を正確に弁別し、的確に運用する能力の形成及びその伸長・充実に結び付くものである。

運用時については、近年、手で書く機会が減り、情報機器を利用して漢字を書くことが多いが、その場合は複数の変換候補の中から適切な漢字を選択できることが必要となる。この選択能力は、基本的には、習得時の書き取り練習によって、身に付けた種々の感覚が一体化されることで、瞬時に、漢字を図形のように弁別できるようになることから獲得されていくものであると考えられる。

情報機器の利用は、複数の変換候補の中から適切な漢字を選択することにより、それ自体が特有の漢字習得につながっている。この場合、様々な感覚が複合する形でかかわる書き取りの反復練習とは異なって、視覚のみがかかわった習得となる。今後、情報機器の利用による習得機会は一層増加すると考えられるが、視覚のみがかかわる漢字習得では、主に漢字を図形のように弁別できる能力を強化することにしかならず、繰り返し漢字を手書きすることで身に付く、漢字の基本的な運筆や、図形弁別の根幹となる認知能力などを育てることはできない。

以上のように、漢字を手書きすることは極めて重要であり、漢字を習得し、その運用能力を形成していく上で不可欠なものと位置付けられる。

これはまことにまっとうな記述であり、私としてもあらためてつけ加えることはなにもない。そして最後に、手書きに関連して、パソコンを使い続けていると漢字をど忘れして困るという嘆きについて、あらためて次のことを訴えたい。

コンピューターを使って日本語を書く習慣が定着するとともに、世間にはひとつの「信念」ができあがった。それは、「コンピューターで文章を書いていると、やがて手書きでは漢字が書けなくなる」というものだ。

かつて大修館書店から刊行されていた『月刊しにか』という雑誌が「漢字世論調査」というアンケートをおこなったところ、次のような回答が寄せられた。

・パソコンが出てきて、自分で漢字を書く機会が減った。いざ漢字を書こうと思ったら意外に忘れていてとまどう。

・携帯電話やパソコンでメールをするようになってから漢字を書く機会が減ってしまい、どんどん漢字を忘れている自分に気づいて愕然とすることがあります。漢字を覚えなくて

も機械が変換してくれるのですから楽ですし、それでなおさら忘れてしまう気がします。これでいいのかな。(以上　二五歳以下)

・近ごろはペンや鉛筆で文字を書くこと自体が少なくなっていて、咄嗟に漢字が思い浮かばないことがよくあります。コンピューターに慣れてしまっているので、変換さえできれば書けなくても事足るので、ますます漢字を忘れてしまいそうです。

・この頃パソコンに頼りきりで、漢字を忘れている自分にショックを受けています。(以上　二六歳〜四五歳)

・通信方法の拡張により、手で書くことが少なくなった。それにも増して、年とともに物忘れというか、ど忘れというか、読めるのにいざとなると書けないで困っています。(四六歳〜六五歳)

以上はほんの一例にすぎず、同様の感想を記す回答がたくさんあって、そこに世代間の格差はないようだ。本書の読者のなかにも、思い当たる方がたくさんおられるのではないだろうか。しかし私たちは、ほんとうに漢字を「ど忘れ」しているのだろうか。

機械で文章を書くときには、画数の多い難しい漢字でも気軽に使うことができる。だがワープロやコンピューターが普及する前に、私たちはそんな難しい漢字をひとつひとつ手書きで書いていただろうか。たとえばさきのアンケート回答に見える「愕然」とか「咄嗟」ということばを、手書きの時代にも漢字で書いて気軽に使っただろうか。

もちろん編集者や文筆業の人々なら、難しい漢字を書く機会も頻繁にあっただろう。しかしここで考えようとしているのはそんな「文章のプロ」ではなく、ごくごく一般的な日本人の状況についてである。

それまで苦労もせずに書けていた漢字が、ある時突然書けなくなるという現象は、だれにだって起こる。専門は漢字の研究でございい、とぬけぬけと看板をかかげている私だって、しょっちゅう漢字を忘れては家族にあきれられている。しかし漢字をど忘れするのは、別にコンピューターで文章を書くようになったからではない。パソコンなど見たこともなかった世代の人々だって、日常的に漢字をど忘れしていたにちがいないのである。

ところがコンピューターが普及してから、日常的に文章を書く人が激増した。

機械を使えば、漢字を手で書く必要がない。だからそこでは漢字のど忘れが起こらないし、「辞書」が機械の中に内蔵されているから、漢字を書きまちがうこともない。「ワープロ誤植」と呼ばれる変換候補の選択ミスはありうるが、それはど忘れとは別の問題である。

しかし目の前に機械がないときには、かつてと同じように、手でコツコツと文章を書かねばならず、使いたい漢字が目の前に表示されない。そのときに漢字の「ど忘れ」が起こる。しかしそれは文字記録環境が機械普及の前にもどっただけの話で、漢字が書けるか書けないかは、もとをただせば漢字に関する個人それぞれの知識量と習得達成度によるのである。

かつて漢字は、小学校以来の学生時代に多大の時間をかけて、一所懸命に習得しなければ身につかないものであった。習得の達成度にはもちろん個人差があり、同じ三十歳の男性でも、難字が頻出する「漢字能力検定試験」一級に合格する人もいれば、一九四五字で構成される常用漢字くらいならなんとか書ける、というレベルの人もいる。しかしどんな人であっても、小学生のときには一日一〇〇字か二〇〇字の漢字を、マス目の入ったノートにポツポツと、眠い目をこすりながら埋めていった経験をもつはずである。

このような地道で辛抱強い努力を続けてきた結果として、やがて一定の量の漢字が使いこなせるようになる。だが学校を終えて社会に出ると、大多数の人は文章を書く機会が急に少なくなる。漢字を読むことは毎日のようにあるだろうが、しかし漢字を書かねばならない機会はだれにも毎日あるわけではない。こうして時間が経つうちに、せっかく習得した漢字を、つい書けなくなってしまうことがある。これが「ど忘れ」とよばれる現象にほかならない。

これを避けるためには、たくさんの漢字を日常的に手で書くことしかないだろう。漢字の習得は車の運転やコンピューターの操作に似たところがあって、日常的な反復が最善の方法なのである。

現代の日本人は以前にくらべて文章を書く機会が格段に増加した。それはコンピューターや携帯電話を使っての行為ではあるが、それにしても多くの人が、日本語を日常的に、なんの気負いもてらいもなく書くようになったことは、疑いもなく素晴らしいことだ。これほどたくさんの人が、日常生活で大量に文章を書くというのは、これまでの日本の文化史の中では未曾有の事態なのである。

コンピューターを使っての執筆では、執筆者本人がもともと書けたかどうかすらあやしい難字だって、機械で扱える漢字ならいとも簡単に書ける。そんな機械を使っての執筆だから、ともすれば自分は漢字を書くのに苦労しないという錯覚をもってしまうのだが、どんな人にももともと書けない漢字はあるし、反復訓練の欠如とともに、ある日突然、それまで書けていた漢字が書けなくなることがある。そこに手書き文化の重要性が存在することは、ここであらためて強調するまでもないだろう。

あとがき

　もうずいぶん前のことになるが、一年間に三〇回ほど東京と大阪を往復しなければならない仕事があった。

　拙宅は大阪の伊丹空港からそれほど遠くないこともあって、そのときは移動手段として積極的に飛行機を利用した。理由は、ある航空会社が運営するサービスでは、距離をとわず一年間に五〇回以上飛行機に乗ると、会員専用の快適なラウンジが使えたり、機内に優先搭乗できるなどの特典があたえられるからだった。

　私は首尾よくその資格を手に入れたが、腕利きの営業マンなどならいざ知らず、学校の教師という職業では、年に数十回も東京へ出かけるという出張などふつうは考えられない。だがその特別な事態が、今回の「常用漢字表」改定をめぐってふたたび現実のものとなった。

　改定案を審議する「漢字小委員会」はだいたい月に一度くらいのペースだったが、私はワーキンググループにも参加したので、改定のための作業が集中的に進められた数ヶ月間は、ほぼ毎週一度は東京に出向いたものだった。大学で講義や会議を終えたのちに京都から東京に向かうこともあったから、ほとんど新幹線を利用したのだが、今回はＪＲが運営する会員制システムのサービスで、乗車実績によってあたえられるグリーン車へのアップグレード特典を何枚かゲットした。このような余禄が、出張の最大の楽しみであった。

委員会が開催されるごとに新聞やテレビが取材に入り、常用漢字表をめぐっていまなにがどのように議論されているか、その方向と問題点などが大きく報道された。そして世間には漢字をめぐる問題について一家言をおもちの方がたくさんおられ、その方々が新聞に意見を投書したり、ブログなどで見解を披瀝されたから、ワーキンググループの会合では、担当官が収集したさまざまなコメントを見せてもらえた。漢字はこんなに多くの人から注目されているのだ、との感をいまさらのように強くしたものだった。

もちろんそこにはさまざまな主張があった。それをどのように集約し、改定作業のなかに反映していくかが私たちの重要な仕事だったのだが、そのプロセスのなかで私はつねに「最大多数の最大幸福」を心がけていた。

私がものごころついたときには、「当用漢字表」が社会に完全に機能していた。学校教育は完璧なまでに「当用漢字表」にそって教えられたし、その規格が内包している問題点をほとんど認識していなかった。それが「常用漢字表」に変わったあとも、状況はそれほど大きく変化しなかった。それらの規格に対して自分なりに問題点を感じはじめたのは、本文にも書いたように、情報機器との関連がきっかけであった。そして今回の改定が情報機器の普及に源を発したものであったことに、私はわが意を強くした。

終戦直後にはじまる漢字の改革は、いくらかの紆余曲折を経たものの、いまにいたるまで日本語表記システムの根幹に位置し続けていることはまちがいない事実である。昨今なにかと話題になる「団塊の世代」は、漢字施策から見ればまさに「当用漢字の世代」にほかならない。その世代がすでに還暦を超え、さらにその子供たち「常用漢字の世代」がいま社会の第一線にいる時代に、これまでの流れをいっさい無視して、いまさらのように漢字を廃止して仮名かローマ字で日本語を書こうとか、あるいは常用漢字表に入っている「俗字」など使わず、すべての漢字を旧字体に戻そう、などと主張することは、これまでの蓄積と努力を無視した、はなはだ現実的でない主張である。

一億を超える日本人が、これまでの長い時間にわたって、当用漢字・常用漢字の枠内で教育を受けてきたことは厳然たる事実である。そしてその人たちがいま、急激に進展した情報化時代のなかで日本語を書いているのである。その状況においてもやはり、「最大多数の最大幸福」が適用されなければならないことはいうまでもない。

小学校など初等教育段階における漢字習得のプロセスはきわめて重要である。だがそれとともに、圧倒的多数の大人の社会のなかで、コンピューターによる日本語表記が当然のこととしておこなわれているという現実も直視しなければならない。機械による漢字表記という動きが今後衰退するとはまず考えられない。であるとすれば、これからの日本語表記環境にコンピューターが果たす役割はたとえようもなく大きく、そこから生じる齟齬と混乱をできるだけ少なくすることが、漢字施策策定の場に参加できた者の使命であると私は考えた。

委員会のなかでも、漢字規格に対してはこれからも定期的に見直すべきであるという意見がたくさん提出された。私も同感である。いまは出たばかりの改定常用漢字表であるが、これにまた時代不適応の状況が現れたときには、躊躇なく見直すことが必要であろう。それがいつの時代に、どのようにおこなわれるかはまったくわからないが、そのときの委員がリニアモーターカーで上京するなら、その未来の乗り物においてもぜひとも乗車がお得になる特典を用意していただきたいものである。

本書の執筆と校閲には、新潮社の庄司一郎氏と小駒勝美氏の絶大な協力を得た。謝意を表する次第である。

平成二十二年十月

阿辻　哲次

戦後日本漢字史・年表

年号	漢字と日本人との関係	文部行政一般（漢字政策はゴチック）
慶応2年（一八六六年）	12月前島密が徳川慶喜に「漢字御廃止之議」を建白、仮名文字による教育の普及を主張（一八六七年二月）	
明治2年（一八六九年）	南部義籌が旧土佐藩主山内豊信（容堂）に「修国語論」を建白、ローマ字による国語表記を提案	
明治5年（一八七二年）	森有礼が日本語の使用をやめ、英語を国語にすべきと唱える	
明治6年（一八七三年）	福澤諭吉『文字之教』で漢字の制限を提案 日本語を仮名だけで表記する新聞『まいにち　ひらかな　しんぶんし』が発行される	

明治7年（一八七四年）	西周が「洋字ヲ以テ国語ヲ書スルノ論」発表	
明治33年（一九〇〇年）		8月「小学校令」改正。施行規則に「第三号表」（1200字）が発表される
明治35年（一九〇二年）		国語問題を議論し施策を提言する機関として「国語調査委員会」が設置される
大正10年（一九二一年）		「国語調査委員会」が「臨時国語調査会」へと引き継がれる
大正12（一九二三年）	9月1日関東大震災が起こり、新聞社による「常用漢字表」実施は不可能に	5月文部大臣監督下の「臨時国語調査会」で「常用漢字表」（1960字・簡易字体154字）発表
昭和6年（一九三一年）		「常用漢字表及仮名遣改定案に関する修正」（1960字－147字＋45字＝1858字）
昭和9年（一九三四年）		「臨時国語調査会」が「国語審議会」に改編される（「官制に基づく国語審議会」）
昭和13年（一九三八年）		「国語審議会」が「漢字字体整理案」を制定
昭和16年（一九四一年）	12月太平洋戦争始まる	

昭和17年（一九四二年）		6月「国語審議会」が文部大臣に「各官庁及び一般社会において使用する漢字の標準」として「標準漢字表」（2528字、常用漢字1134字＋準常用漢字1320字＋特別漢字74字）を答申 「国語審議会」が「新字音仮名遣表」を議決したが、実施に至らず
昭和20年（一九四五年）	8月15日太平洋戦争敗戦 9月3日占領軍、道路標識や駅名表示、公共施設の看板にローマ字を表記する指令を発する	11月第八回「国語審議会」が「標準漢字表再検討に関する漢字主査委員会」（漢字主査委員会）設置 12月〜21年4月「漢字主査委員会」が14回開催される。試案「常用漢字表」（1295字）を作成
	11月学校や警察など公的機関で柔道や剣道の練習禁止	
昭和21年（一九四六年）	4月志賀直哉が『改造』でフランス語を国語にすべきと主張	3月5日、7日「アメリカ教育使節団」来日 3月30日マッカーサーにあて『アメリカ教育使節団報告書』提出 6月〜10月「漢字に関する主査委員会」が新設され、23回開かれる。委員長は作家の山本有三

		11月16日「当用漢字表」（1295字−9字＋564字＝1850字）が内閣告示・内閣訓令される 10月～昭和22年8月国語審議会に設置された「義務教育用漢字主査委員会」が33回開催され、義務教育で教える「国民漢字」について議論する
昭和22年（一九四七年）		3月31日「（旧）教育基本法」公布 4月「学校教育法」により「国民学校」が「小学校」「中学校」となる。六・三・三・四制の実施、PTAの創設 7月「国民漢字」から「教育漢字表」と名称変更される 9月「義務教育用漢字主査委員会」が「当用漢字別表」（「教育漢字表」を改称、881字）を国語審議会総会で議決 12月「戸籍法」で名前に関する文字制限が実施される
昭和23年（一九四八年）		2月「当用漢字別表」、「当用漢字音訓表」が内閣告示・内閣訓令される 8月GHQ傘下の民間情報教育局（CIE）ペルゼ

		ルの提案で、「読み書き能力調査委員会」による全国識字能力調査実施 12月「国立国語研究所」設立
昭和24年（一九四九年）		4月「活字字体整理に関する協議会」が作成した「活字字体整理案」（774字）をもとに723種の字体を選んで作成された「当用漢字字体表」が内閣告示・内閣訓令される
昭和25年（一九五〇年）		5月「文部省設置法」 4月「国語審議会令」により、新「国語審議会」発足（「法律・政令に基づく国語審議会」）、「ローマ字調査分科審議会」が設置される。漢字部会では時枝誠記が部会長に就任
昭和26年（一九五一年）	10月『日本人の読み書き能力』刊行	5月人名に使える漢字として「当用漢字表」以外に「人名漢字別表」（92字）が加えられる
昭和28年（一九五三年）	2月日本新聞協会が新聞用語懇談会を開催。そのまとめを漢字部会に「当用漢字補正に関する新聞社の意見の集計」として提出	

昭和29年（一九五四年）	4月新聞各社「当用漢字補正資料」を採用し、『新聞用語言いかえ集』に整理し新聞紙面で実施	3月漢字部会「意見の集計」を審議し、「当用漢字補正資料」を国語審議会に報告
昭和31年（一九五六年）		7月国語審議会に「同音の漢字による書きかえ」を報告
昭和33年（一九五八年）		『小学校学習指導要領』に「当用漢字別表」が「学年別漢字配当表」として取りこまれる
昭和34年（一九五九年）	11月國語問題協議會設立	
昭和36年（一九六一年）		3月第五期国語審議会総会で「表音派」と「表意派」の対立が激しくなる
昭和39年（一九六四年）		3月第七期国語審議会総会で吉田富三が「国語は、漢字仮名交り文を以て、その表記の正則とする」ことを提案
昭和41年（一九六六年）		第八期「国語審議会」総会において中村梅吉文部大臣、「漢字かなまじり文」を前提にすると発言
昭和43年（一九六八年）		「教育漢字」に「備考漢字」（115字）が追加される

昭和48年（一九七三年）		6月「当用漢字改定音訓表」が内閣告示・内閣訓令される
昭和52年（一九七七年）		学習指導要領改訂で「教育漢字」が増やされる（９９６字） 1月第十二期「国語審議会」最終総会で「新漢字表試案」（１８５０字＋83字－33字＝１９００字）を答申
昭和53年（一九七八年）	9月「ワープロ」商品化される 財団法人日本規格協会による日本工業規格（ＪＩＳ）の「情報交換用漢字符号系」（JIS C 6226）が作られる（78ＪＩＳ）	
昭和54年（一九七九年）		3月第十三期国語審議会最終総会で「常用漢字表案」（１９００字＋12字＋14字＝１９２６字）を答申
昭和56年（一九八一年）		3月第十四期国語審議会から文部大臣に漢字使用の目安とされる「常用漢字表」（１９２６字＋19字＝１９４５字）答申

		10月「常用漢字表」が内閣告示・内閣訓令され、「当用漢字表」「当用漢字改定音訓表」「当用漢字字体表」廃止、「当用漢字別表」は「学年別漢字配当表」に吸収される 「人名用漢字別表」が「戸籍法施行規則」の「別表」となり、人名用漢字の所管が法務省に移る
昭和58年（一九八三年）	JIS C 6226-1983（83JIS）に改定される	
平成元年（一九八九年）		学習指導要領改訂で「学年別漢字配当表」の漢字、いわゆる「教育漢字」がさらに増やされる（1006字）
平成7年（一九九五年）		第二十期「国語審議会」ではじめて「表外字」について審議
平成9年（一九九七年）	日本文藝家協会「漢字を救え！」キャンペーン	
平成10年（一九九八年）		6月第二十一期「国語審議会」で「表外漢字字体表（試案）」（978字）が報告される

平成11年（一九九九年）	この頃から携帯電話で電子メールやインターネットができるようになる	
平成12年（二〇〇〇年）		12月第二十二期「国語審議会」総会で「表外漢字字体表」（1022字）として文部大臣に答申される
平成13年（二〇〇一年）		1月「国語審議会」が廃止され、「文化審議会国語分科会」が国語の問題を扱うようになる
平成16年（二〇〇四年）	JIS X 0213が「JIS X 0213-2004」に改定	
平成18年（二〇〇六年）		12月「（新）教育基本法」公布
平成21年（二〇〇九年）		1月「『新常用漢字表（仮称）』に関する試案」がまとめられる
		10月「『新常用漢字表（仮称）』に関する試案」の修正案がまとめられる
平成22年（二〇一〇年）		6月「改定常用漢字表（答申案）」（1945字＋196字－5字＝2136字）が文部科学大臣に答申される

文庫版あとがき

大学で専門課程に進むまでずっと、「道」や「通」「辺」などについているシンニョウを、私は左上に点を一つつけた形で書いていた。もちろん文献や辞書で調べたわけではなく、教科書や宿題に課される漢字ドリルなどがすべてそうなっていたから、シンニョウにつく点は一つだと思いこんでいたのだった。

小学校入学（昭和三十三年）から中学校卒業まで、国語の授業で学んだ漢字はすべて「当用漢字表」に入っている「表内字」だった。「当用漢字表」は昭和五十六年に「常用漢字表」と代わったが、それからあとも現在にいたるまで、義務教育期間中に学ぶ漢字はすべて「表内字」である。

平成二十二年に「常用漢字表」が改定されるまでは、「当用漢字表」や「常用漢字表」に入っているシンニョウの漢字はすべて一点の形だった。だから私たちの時代では、教科書や辞書でも、先生が黒板に板書する漢字でも、シンニョウの漢字はすべて点一つの形になっていた。その時代ではシンニョウの漢字に一点以外の書き方など、先生も生徒も考えることすらできなかった。

学校での勉強とは別に、高校生になったころから私も人並みに、『ソクラテスの弁明』や『古寺巡礼』などの古今の名著、あるいは名作とされる国内外の小説など、さまざまな書物を読むようになっていた。そのころは岩波書店や角川書店、あるいは新潮社などから刊行されている文庫を中心に、必読とされる名著や名作が比較的安い金額で刊行されていたから、小遣いの乏しい高校生にはまことにありがたかった。

私が高校に入った昭和四十二年のころの文庫本には、戦前に刊行された書物を当時の「紙型《しけい》」（活字を組んだ版に特殊な厚紙を上から強く押しつけて作った型）から重版したものがまだたくさん出まわっていた。つまり戦前の本がそのまま再版されているわけだから、もちろん旧字体の漢字が使われており、そんな本で旧字体に興味を持った私は、ノートの表紙に「數學」とか「現代國語」などと書いて粋がっていたものだった。

高校生の時に読んだ旧字体の本では、シンニョウをもつ漢字はおそらく点二つの形で印刷されていたにちがいない。しかし文庫本の文字はかなり小さく、しかもそれがあまりにも微細な差異であるからだろう、当時はそのことにほとんど気がつかなかった。

シンニョウが本来は二点の形で書かれるべきであることを知ったのは、大学の専門課程（中国語学中国文学専攻）に進んでからだった。

三回生（関西の大学では「学年」のことを「回生」と呼ぶことが多い）になって専門課

程に進むと、比較的簡単な古典詩文を読む講義がはじまり、私はそこではじめて「ほんものの漢文」と出あった。

「ほんものの漢文」とは妙な言い方だが、かつての中国で書かれた文章は基本的に句読点がついておらず、紙面全体に漢字がびっしりと詰まっているのが当たり前である。日本ではこのような形式の文章を「白文」といい、中国の古典文学や歴史、あるいは儒学や諸子百家の思想などを研究しようとする者は、それぞれ所属する専攻は別であっても、まず白文に句読点をつける訓練（これを「断句」という）からはじめることになる。

近年の中国では古典文献に句読点をつけ、時には親切な注釈や現代語による翻訳までつけた本がたくさん刊行されているが、そんな本を使っていては、いつまでたっても古典は読めない。古典を読めるようになるには、旧中国の刊本（ほとんどは木版印刷）の影印《えいいん》本（写真印刷による複製本）を使って白文を読解する訓練が絶対に必要なのだが、白文読解には断句のほかにもいくつかの「関所」があって、特にはじめのうちは旧字体の漢字に悩まされる。

戦後生まれの世代は学校で旧字体の漢字を学んでいないから、刊本に頻出する「藝」や「體」「對」「舊」「圖」「辭」「應」「寫」など、旧字体の漢字にまず習熟しなければならない。といっても、それらが何という漢字の旧字体かがわかるようになるだけなら、そんなに苦労はしない。だがそれぞれの漢字が中国語ではどのように発音され、どのような意味であるかなどを調べるためには、膨大な量に達する「工具書」（辞書・字書・索引・図録・地図・年表・図書目録など）の使い方を覚えていかなければならず、これがなかなか一筋縄ではいかないのだ。

たとえば「与」という漢字は、「あたえる」のほか、漢文では「くみする」と読んで「ともにする」とか「仲間になる」という意味で使われ、さらには助字として「〜と」という、英語の「with」にあたる使い方がある。それ以外にも文末に置かれて疑問や感嘆のニュアンスを表すことなどもあって、「与」はかなり難しい漢字なのだが、これを『康熙字典』や『辭源』『辭海』など、漢文読解に絶対に必要とされる字書で検索しようとしても、「与」という字形では出てこない。

「与」はもともと「與」と書かれ、『康熙字典』などでは《臼》部六画に収録されている漢字である（なおそれとは別に《一》部二画に「与」という文字があり、「與に同じ」とあるが、初学者には「与」が「与」の異体字であることはまずわからない）。いまなにかの必要があって、「与」を『康熙字典』や『辭源』で調べようとしても、「与」という形しか知らない者には、「与」を《臼》部で調べるという発想が絶対に出てこない。

そんな例は「與」だけでなく、他にも「尽」の旧字体「盡」や、「旧」の旧字体「舊」、あるいは「写」に対する「寫」、「塩」に対する「鹽」など、枚挙にいとまがない。

専門課程に入ったばかりのころはまともに辞書すら引けず、とまどうことの連続だった。

だがそれでも地味な努力を重ね、漢籍や工具書をめぐるやっかいな約束事にも少しずつ慣れていったころ、私はふと、ある書物に使われているシンニョウの漢字で、左肩に点が二つついていることに気づいた。

それはたしか小川環樹教授が京都大学での在職最終年に開かれた講義「文字音韻学の諸問題」で、顧炎武の『音論』を読まれた時のことと記憶する。『音論』は清朝考証学の中心にあった「小学」（漢字の形音義を研究する学問の総称）を学ぶ者が必ず読まねばならない名著であり、小川教授が静かに小さな声で語られるこの講義で、私は学問の面白さと厳しさをしっかり教えていただいた。それは私の人生を決定したといっても過言でないほど思い出深い講義であり、三回生の分際（？）で多くの先輩をさしおいて演習の担当を申し出るほど熱心に、私はこの講義を受講した。

その講義を予習していた時に、「二点シンニョウの漢字」を発見した。たしか「道」という漢字だったと思うが、もう四〇年以上も前のことだから、何という文献に見えるものだったかはすっかり忘れてしまった。しかしシンニョウに点が二つあるのを不思議に思った私は、そのままいくつかの書物でシンニョウの漢字をさがし、点の数を調べてみると、すべてが二点であるというわけではなかった。

具体的な例を挙げよう。

図版①は、基本的な漢籍を最良のテキストで集めた『四部叢刊』（商務印書館）に入って

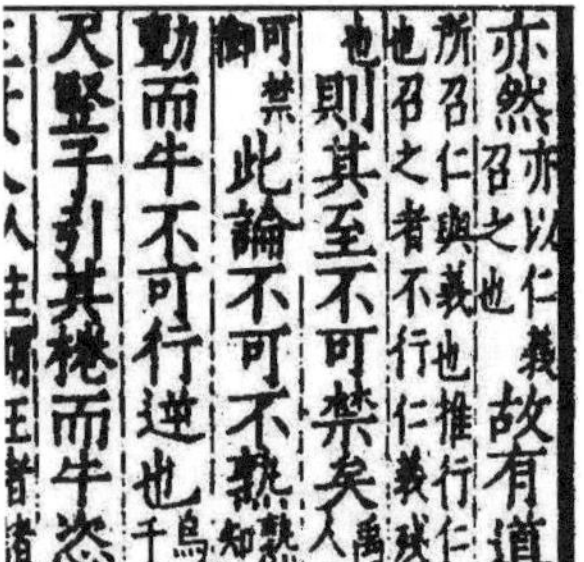

亦然亦以仁義召之也故有道者不察所召而察其召之者所召仁與義也推行仁義壽長自至故曰不察所召也召之者不行仁義殃亡應行而至故曰察其召之也則其至不可禁矣禹湯罪已其興也勃焉桀紂罪人其亡也忽焉皆已自召之何可禁御此論不可不熟熟猶知也使烏獲疾引牛尾尾絕力勯而牛不可行逆也烏獲秦武王力士也能舉千鈞勯讀曰單單盡也使五尺豎子引其棬而牛恣所以之順也恣從也之至也世之人

図版①『四部叢刊』

去者日以疎。生者日以親。呂氏春秋曰死者弥久生者弥疎出郭門直視但見丘與墳。白虎通曰葬於城郭外何死生異別終始異居古墓犂爲田。松栢摧爲薪。白楊多悲風。蕭蕭愁殺人。楚辭曰哀江介之悲風又曰秋風兮蕭蕭思還故里閭。欲歸道無因。

図版②『文選』

いる明刊本『呂氏春秋』の一部で、図版一行目の「道」や五行目の「逆」に二点シンニョウが使われている。

いっぽう図版②は、六朝時代に編纂された美文集『文選』で、現代の研究者や学生に広く使われている影印本（正しく表記すると「清胡克家据南宋尤袤所刻文選李善注本覆刻」となる）巻二十九に収める「古詩十九首」の一部である。これは日本でも「去る者は日々に疎《うと》し」と使われることわざの出典となった詩だが、その最後の行にある「還」や「道」では、ご覧のように点が一つしかない。

叶元具切音遇屈原離騷百神翳其備降兮
[illegible]廣韻七恭切音樅遷也近古文[illegible]廣韻其謹雅會言近
韻會迫也易繫辭二多譽四多懼近也註位
子之歌民可近不可下又洪範是謂是行以
辭[illegible]集韻于求切音尤經過也迣正字通字之譌迒唐獸
也蹊徑也皆以網杜塞之也又廣韻古郎
江切音降車迹也正字通凡獸迹車迹皆曰
洛誥秀作穆穆迓衡註言迎治平也又通
兩御之又小雅以御田祖又通作衙周禮
氏切音從遂也正返廣韻甫遠切集韻
作進今通用從傳返之于天註謂還
子還空去復空返憂來如循環匪席不可卷

『康熙字典』

中国の文献でのシンニョウの点の数は一定していない。ではいったいどちらが正しいのかと思い、漢字に関するもっとも正統的な規範を示すとされた『康熙字典』を調べると、そこでのシンニョウはすべて二点となっていた。

ここまで調べて私は、シンニョウは『康熙字典』にあるように、本来は二点で書くのが正しいのだが、過去の中国の文献でも時には一点で書かれることがあった。だが一点のものはおそらく点を一つ省略した俗字だろう。しかしそれがいかなる理由によってか、戦後の日本では、私たちが学校で習ってきたように、すべて一点で書かれるようになったのだ、と考えた。

それが当時の私の認識だった。それはなんの証拠もない、はなはだ杜撰な考察だったが、その「結論」をいま改めて考えてみると、半分は正しく、半分はまちがっている、といえる。正しいというのは、『康熙字典』が示す伝統的な規範では二点シンニョウの形が正字とされ、それに基づいて、戦前の日本でもシンニョウの漢字はすべて二点で印刷されたからである。

そして当時の私の「結論」がまちがっていたというのは、いまの日本で印刷されるシンニョウがすべて一点の形になっているわけではないからだ。そのことは手近にある漢字の字典をみればすぐにわかることで、小学生向けに編集された学習用の漢字辞典は別として、学生や社会人を対象とした一般的な漢和辞典ではシンニョウの漢字は七画にある《辶》部（これがシンニョウの本来の形である）に入り、見出し字は常用漢字なら一点で（二〇一〇年改定で表内字となったものを除く）、表外字なら二点で掲げられている。そして義務教育で使われる教科書には表内字しか出てこないから、私はずっとシンニョウは一点で書くと思いこんでいたのだった。

かつて『康熙字典』では二点の形になっていた「進」や「通」「道」「逆」などがいま日本で一点になっているのは、昭和二十四年告示の「当用漢字字体表」でシンニョウを一点としたからである。しかし「当用漢字字体表」は「当用漢字表」に収められる一八五〇種

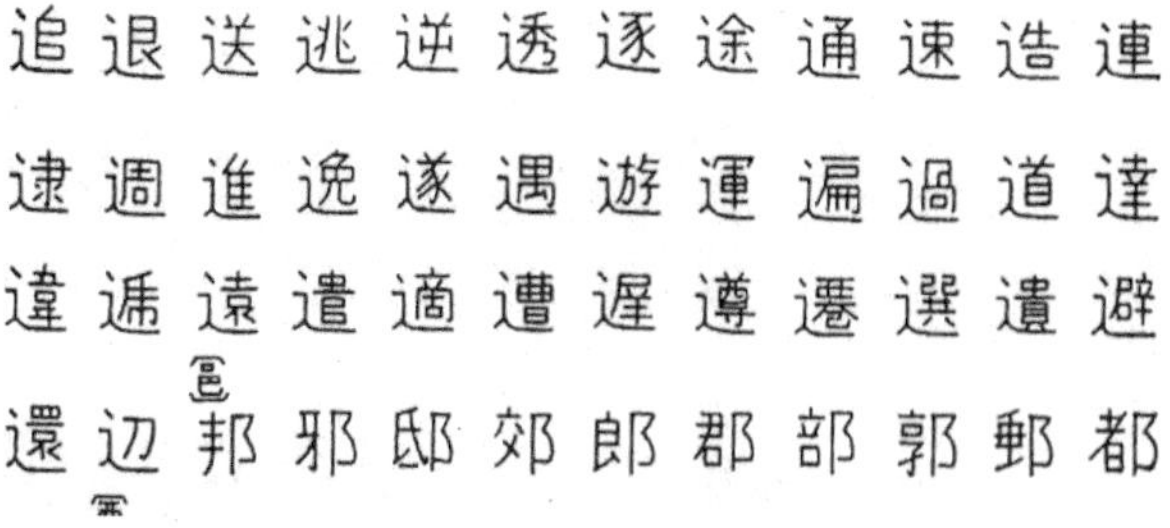

「当用漢字字体表」（部分）

類の漢字について、これから印刷する時の字形の標準を定めたものであって、その「字体表」に収められているシンニョウの漢字は、同表に掲げられている《辶》部の四十七文字にすぎない（図版はその一部）。

つまりこの表で一点シンニョウと決められたのは「当用漢字表」にある四七種類だけだった。そして「当用漢字表」に入らなかった漢字は、すべて今後はもう使わないという位置づけだったから、結果として『康熙字典』を基準とする過去の規範に沿った形のまま「放置」された。

やがて「常用漢字表」ができた時に、「当用漢字表」には入っていなかった「逝」と「遮」が表内字に「昇格」して、一点の形で「常用漢字表」に掲載された。この結果、一点シンニョウで掲載される表内字は四十九種類となったが、しかしそれでも、その他大勢のシンニョウ漢字はあいかわらず二点のままだった。

いっぽうそのころ情報処理技術がめざましく発展し、コンピューターでの漢字処理を規格化する必要から、工業製品に関する国家規格であるＪＩＳ（日本工業規格）として「情報交換用漢字符号系JIS C 6226: 1978」が制定された。いわゆる78ＪＩＳである。これが作られたのは「常用漢字表」制定の三年前、つまりまだ当用漢字の時代だったが、この規格には六千を超える多量の漢字が収められた。「当用漢字表」に入っているのは一八五〇種類だったから、その三倍以上もの漢字が取りこまれたわけで、そこには当然たくさんの表外字が入っていた。もちろんシンニョウの漢字についても同様であった。

六千を超える漢字についてＪＩＳ漢字規格は、使用頻度の高い漢字を集めた「第１水準」と、地名や人名などに使われる使用頻度が比較的低い漢字を集めた「第２水準」という区別を設け、シンニョウの漢字については、第１水準では一点、第２水準ではすべて二点の形で、例字体として規格書に掲載した。なおこの時には、「当用漢字表」に入っていないシンニョウの漢字も第１水準では一点とした。第２水準はもちろん表外字ばかりである。

この規格がはじめて作られたのは昭和五十三年のことで、規格自体は現在にいたるまでなんどか改訂されているが、これによって、パソコンやスマホ、あるいは情報機器やインターネット上で、一点と二点のシンニョウが入りまじって表示されるという状況がはじまった。

このことが世間であまり問題とされないことが、私には不思議で仕方がない。

情報技術の発達によって、高校生や大学生のほとんどが電子辞書を使うようになった。電子辞書は手のひらに載る小さなサイズでありながら大きな辞書を何種類も搭載でき、しかも簡単な操作で瞬時に検索できる。また紙媒体の辞書ではとうてい不可能な方式による検索も可能になるから、まことに便利なものだと私も思う。しかしこと漢和辞典に関しては、非常に面倒な事態が出現するのだ。

こころみに電子辞書で「巡」という漢字を引いてみよう。検索は非常に簡単で、「じゅん」と入力すればたちどころに候補が表示されるから、そこから「巡」を選べばよい。漢和辞典だからはじめに見出し字の音訓（読み方）と意味が表示され、続いてその漢字を上につけた熟語が並んで表示される。手元にある電子辞書で操作をおこなったところ、熟語の最後の方に「巡遊」という項目があり、続いて「巡邏」があった。しかしよく見ればこの二つではシンニョウの点の数がちがい、「遊」は一点、「邏」は二点である。

もちろん「遊」は第1水準、「邏」は第2水準に入る漢字なのでそうなるのだが、しかし電子辞書を使うすべてのユーザーがJIS規格での「水準」を知っているわけではない（事実は知らない人の方が圧倒的に多いだろう）。もしどこかの中学生か高校生がその辞書を使っていて、シンニョウの点の数のちがいに気づいても、その理由は中高生にはまずわからないだろうし、学校で先生に質問しても、いったいどれくらいの方が正しく答えることができるだろうか。

上は単に一例にすぎず、ほかにも「逡巡」とか「邁進」「迂遠」「逍遥」など日常的にもよく使われる熟語で同じ問題が指摘しうる。同一の部首でありながら、単語によってことなった形で表示されるというのは奇妙な話であり、「辞典」という位置づけの電子機器が発売されてもう数十年の時間が経つのに、そんな現象がいまだに解決されていないことが、いったいなぜ社会問題とならないのだろうか。

いまきわめて多くの日本人が、業務や学業はもちろんのこと、メールやブログ、あるいはSNSでのメッセージなどで、朝から晩まで情報機器を操作して「漢字かなまじり文」を書いているが、情報機器における漢字表記システムに根本的な変革が生じないかぎり、このままずっとシンニョウの漢字については一点と二点の混在状況が続いていく。

それは戦後の漢字をめぐる政策の紆余曲折、あえていえば「混乱」が、このまま未来にわたって引き継がれていく象徴でもあるのだ。

令和二年一月

阿辻 哲次

本書は二〇一〇年十一月二十五日、新潮選書から刊行された。

中国語はじめの一歩〔新版〕　木村英樹

発音や文法の初歩から、中国語の背景にあるものの考え方や対人観・世界観まで、身近なエピソードとともに解説。楽しく学べる中国語入門。

深く「読む」技術　今野雅方

「点が取れる」ことと「読める」ことは、実はまったく別。ではどうすれば「読める」のか？　読解力を培い自分で考える力を磨くための徹底訓練講座。

議論入門　香西秀信

議論で相手を納得させるには5つの「型」さえ押さえればいい。豊富な実例と確かな修辞学的知見をもとに、論証や反論に説得力を持たせる論法を伝授！

どうして英語が使えない？　酒井邦秀

『でる単』と『700選』で大学には合格した。でも、少しも英語ができるようにならなかった「あなた」へ。学校英語の害毒を洗い流すための処方箋。

快読100万語！ペーパーバックへの道　酒井邦秀

辞書はひかない！　わからない語はとばす！　すぐ読めるやさしい本をたくさん読めば、ホンモノの英語が自然に身につく。奇跡をよぶ実践講座。

さよなら英文法！多読が育てる英語力　酒井邦秀

「努力」も「根性」もいりません。愉しく読むうちに豊かな実りがあなたにも。人工的な「日本英語」を棄て真の英語力を身につけるためのすべてがここに！

古文読解のための文法　佐伯梅友

複雑な古文の世界へ分け入るには、文の組み立てや語句相互の関係を理解することが肝要だ。「佐伯文法」の到達点を示す、古典文法の名著。（小田勝）

チョムスキー言語学講義　チョムスキー／バーウィック　渡会圭子訳

言語は、ヒトのみに進化した生物学的な能力である。その能力とはいかなるものか。なぜ言語が核心なのか。言語と思考の本質に迫る格好の入門書。

文章心得帖　鶴見俊輔

「余計なことはいわない」「紋切型を突き崩す」等、実践的に展開される本質的文章論。70年代に開かれた一般人向け文章教室の再現。（加藤典洋）

ことわざの論理　外山滋比古

「隣の花は赤い」「急がばまわれ」……お馴染のことわざの語句や表現を味わい、あるいは英語の言い回しと比較し、日本語の心性を浮き彫りにする。

知的創造のヒント　外山滋比古

あきらめていたユニークな発想が、あなたにもできます。著者の実践する知的習慣、個性的なアイデアを生み出す思考トレーニングを紹介！

たのしい日本語学入門　中村明

日本語を見れば日本人がわかる。世界的に見ても特殊なこのことばの特性を音声・文字・語彙・文法から敬語や表現までわかりやすく解き明かす。

英文対訳　日本国憲法

英語といっしょに読めばよくわかる！「日本国憲法」のほか、「大日本帝国憲法」「教育基本法」全文を対訳形式で収録。自分で理解するための一冊。

知的トレーニングの技術〔完全独習版〕　花村太郎

お仕着せの方法論をマネするだけでは、真の知的創造にはつながらない。偉大な先達が実践した手法から実用的な表現術まで盛り込んだ伝説のテキスト。

思考のための文章読本　花村太郎

本物の思考法は偉大なる先哲に学べ！　先人たちの思考を10の形態に分類し、それらが生成・展開していく過程を鮮やかに切り出す、画期的な試み。

「不思議の国のアリス」を英語で読む　別宮貞徳

このけたはずれにおもしろい、奇抜な名作を、いっしょに英語で読んでみませんか――『アリス』の世界を原文で味わうための、またとない道案内。

さらば学校英語　実践翻訳の技術　別宮貞徳

英文の意味を的確に理解し、センスのいい日本語に翻訳するコツは？　日本人が陥る誤訳の罠は？　達人ベック先生が技の真髄を伝授する実践講座。

裏返し文章講座　別宮貞徳

翻訳批評で名高いベック氏ならではの文章読本。翻訳文を素材に、ヘンな文章、意味不明の言い回しを一刀両断、明快な文章を書くコツを伝授する。

ステップアップ翻訳講座　別宮貞徳

欠陥翻訳撲滅の闘士・ベック先生が、意味不明の訳を斬る！　なぜダメなのか懇切に説明、初級から上級まで、課題文を通してポイントをレクチャーする。

漢文入門　前野直彬

漢文読解のポイントは「訓読」にあり！　その方法はいかにして確立されたか、歴史も踏まえつつ漢文を読むための基礎知識を伝授。（齋藤希史）

精講漢文　前野直彬

往年の名参考書が文庫に！　文法の基礎だけでなく、中国の歴史・思想や日本の漢文学をも解説。漢字文化の多様な知識が身につく名著。（堀川貴司）

改訂増補 古文解釈のための国文法入門　松尾聰

助詞・助動詞・敬語等、豊富な用例をもとに語意を吟味しつつ、正確な古文解釈に必要な知識を詳述。多くの学習者に支持された名参考書。（小田勝）

考える英文法　吉川美夫

知識ではなく理解こそが英文法学習の要諦だ。簡明な解説と豊富な例題を通して英文法の仕組みを血肉化させていくロングセラー参考書。（斎藤兆史）

わたしの外国語学習法　ロンブ・カトー　米原万里訳

16ヵ国語を独学で身につけた著者が明かす語学学習の秘訣。特殊な才能がなくても外国語は必ず習得できる！　という楽天主義に感染させてくれる。

英語類義語活用辞典　最所フミ編著

類義語・同意語・反意語の正しい使い分けが、豊富な例文から理解できる定評ある辞典。学生や教師・英語表現の実務家の必携書。（加島祥造）

日英語表現辞典　最所フミ編著

日本人が誤解しやすいもの、英語理解のカギになるもの、まぎらわしい同義語、日本語の伝統的な表現・慣用句・俗語を挙げ、詳細に解説。（加島祥造）

言海　大槻文彦

統率された精確な語釈、味わい深い用例、明治の刊行以来昭和まで最もポピュラーで多くの作家に愛された辞書『言海』が文庫で。（武藤康史）

増補 死者の救済史　池上良正

未練を残しこの世を去った者に、日本人はどう向き合ってきたか。民衆宗教史の視点からその宗教観・死生観を問い直す。「靖国信仰の個人性」を増補。

神話学入門　大林太良

神話研究の系譜を辿りつつ、民族・文化との関係を解明し、解釈に関する幾つもの視点、神話の分類、類話の分布などについても詳述する。（山田仁史）

アイヌ歳時記　萱野茂

アイヌ文化とはどのようなものか。その四季の暮らしをたどりながら、食文化、習俗、神話・伝承、世界観などを幅広く紹介する。（北原次郎太）

異人論　小松和彦

「異人殺し」のフォークロアの解析を通し、隠蔽され続けてきた日本文化の「闇」の領野を透視する。新しい民俗学誕生を告げる書。（中沢新一）

聴耳草紙　佐々木喜善

昔話発掘の先駆者として「日本のグリム」とも呼ばれる著者の代表作。故郷・遠野の昔話を語り口を生かして綴った一八三篇。（益田勝実／石井正己）

江戸人の生と死　立川昭二

神沢杜口、杉田玄白、上田秋成、小林一茶、良寛、滝沢みち。江戸後期を生きた六人は、各々の病と老いをどのように体験したか。（森下みさ子）

差別語からはいる言語学入門　田中克彦

サベツと呼ばれる現象をきっかけに、ことばというものの本質をするどく追究。誰もが生きやすい社会を構築するための、言語学入門！（礫川全次）

汚穢と禁忌　メアリ・ダグラス　塚本利明訳

穢れや不浄を通し、秩序や無秩序、存在と非存在、生と死などの構造を解明。その文化のもつ体系的宇宙観に丹念に迫る古典的名著。（中沢新一）

宗教以前　高取正男　橋本峰雄

日本人の魂の救済はいかにして実現されうるのか。民俗の古層を訪ね、今日的な宗教のあり方を指し示す、幻の名著。（阿満利麿）

日本伝説集　高木敏雄
全国から集められた伝説より二五〇篇を精選。民話のほぼ全ての形式と種類を備えた決定版。日本人の原風景がここにある。（香月洋一郎）

人身御供論　高木敏雄
人身供犠は、史実として日本に存在したのか。民俗学草創期に先駆的業績を残した著者の、表題作他全13篇を収録した比較神話・伝説論集。（山田仁史）

日本の神話　筑紫申真
八百万の神はもとは一つだった⁉ 天皇家統治のために創り上げられた記紀神話を、元の地方神話に解体すると、本当の神の姿が見えてくる。（金沢英之）

河童の日本史　中村禎里
ぬめり、水かき、悪戯にキュウリ。異色の生物学者が、時代ごと地域ごとの民間伝承や古典文献を精査。〈実証分析的〉妖怪学。（小松和彦）

売笑三千年史　中山太郎
〈正統〉な学者が避けた分野に踏みこんだ、異端の民俗学者・中山太郎。本書は、売買春の歴史・民俗誌に光をあてる幻の大著である。（川村邦光）

初版 金枝篇（上）　J・G・フレイザー　吉川信訳
人類の多様な宗教的想像力が生み出した多様な事例を収集し、その普遍的説明を試みた社会人類学最大の古典。膨大な註を含む初版の本邦初訳。

初版 金枝篇（下）　J・G・フレイザー　吉川信訳
なぜ祭司は前任者を殺さねばならないのか？ そして、殺す前になぜ〈黄金の枝〉を折り取るのか？ 事例の博捜の末、探索行は謎の核心に迫る。

火の起原の神話　J・G・フレイザー　青江舜二郎訳
人類はいかにして火を手に入れたのか。世界各地より夥しい神話や伝説を渉猟し、文明初期の人類の精神世界を探った名著。（前田耕作）

未開社会における性と抑圧　B・マリノフスキー　阿部年晴／真崎義博訳
人類における性は、内なる自然と文化的力との相互作用のドラマである。この人間存在の深淵に到るテーマを比較文化的視点から問い直した古典的名著。

米・百姓・天皇
網野善彦　石井進
日本とはどんな国なのか、なぜ米が日本史を解く鍵なのか、通史を書く意味は何なのか。これまでの日本史理解に根本的転回を迫る衝撃の書。（伊藤正敏）

列島の歴史を語る
網野善彦　藤沢・網野さんを囲む会編
日本は決して「一つ」ではなかった！　中世史に新次元を開いた著者が、日本の地理的・歴史的な多様性と豊かさを平明に語った講演録。（五味文彦）

列島文化再考
網野善彦／塚本学／坪井洋文／宮田登
近代国家の枠組みに縛られた歴史観をくつがえし、列島に生きた人々の真の姿を描き出す、歴史学・民俗学の幸福なコラボレーション。（新谷尚紀）

日本社会再考
網野善彦
歴史の虚像の数々を根底から覆してきた網野史学。漁業から交易まで多彩な活躍を繰り広げた海民に光をあて、知られざる日本像を鮮烈に甦らせた名著。

図説　和菓子の歴史
青木直己
饅頭、羊羹、金平糖にカステラ、その時々の外国文化の影響を受けながら多種多様に発展した和菓子。その歴史を多数の図版とともに平易に解説。

今昔東海道独案内　東篇
今井金吾
いにしえから庶民が辿ってきた幹線道路・東海道。日本人の歴史を、著者が自分の足で辿りなおした名著。東篇は日本橋より浜松まで。（今尾恵介）

物語による日本の歴史
石母田正　武者小路穣
古事記から平家物語まで代表的古典文学を通して、国生みからはじまる日本の歴史を子ども向けにやさしく語り直す。網野善彦編集の名著。（中沢新一）

増補　学校と工場
猪木武徳
経済発展に必要とされる知識と技能は、どこで、どのように修得されたのか。学校、会社、軍隊など、人的資源の形成と配分のシステムを探る日本近代史。

居酒屋の誕生
飯野亮一
寛延年間の江戸に誕生しすぐに大発展を遂げた居酒屋。しかしなぜ他の都市ではなく江戸だったのか。一次資料を丹念にひもとき、その誕生の謎にせまる。

すし 天ぷら 蕎麦 うなぎ 飯野亮一

二八蕎麦の二八とは？ 握りずしの元祖は？ なぜうなぎに山椒？ 膨大な一次史料を渉猟しそんな疑問を徹底解明。これを読まずに食文化は語れない！

天丼 かつ丼 牛丼 うな丼 親子丼 飯野亮一

身分制の廃止で作ることが可能になった親子丼、関東大震災が広めた牛丼等々、どんぶり物二百年の歴史をさかのぼり、驚きの誕生ドラマをひもとく！

増補 アジア主義を問いなおす 井上寿一

侵略を正当化するレトリックか、それとも真の共存共栄をめざした理想か。アジア主義を外交史的観点から再考し、その今日的意義を問う。増補決定版。

たべもの起源事典 日本編 岡田哲

駅蕎麦・豚カツにやや珍しい郷土料理、レトルト食品・デパート食堂まで。広義の〈和〉のたべものと食文化事象一三〇〇項目収録。小腹のすく事典！

ラーメンの誕生 岡田哲

中国のめんは、いかにして「中華風の和食めん料理」へと発達を遂げたか。外来文化を吸収する日本人の情熱と知恵。丼の中の壮大なドラマに迫る。

士(サムライ)の思想 笠谷和比古

中世に発する武家社会の展開とともに形成された日本型組織。「家（イエ）」を核にした組織特性と派生する諸問題について、日本近世史家が鋭く迫る。

わたしの城下町 木下直之

攻防の要である城は、明治以降、新たな価値を担い、日本人の心の拠り所として生き延びる。城と城のようなものを歩く著者の主著、ついに文庫に！

東京の下層社会 紀田順一郎

性急な近代化の陰で生みだされた都市の下層民。落伍者として捨て去られた彼らの実態に迫り、日本人の人間観の歪みを焙りだす。（長山靖生）

土方歳三日記(上) 菊地明編著

幕末を疾走したその生涯を、綿密な考証で明らかに。上巻は元治元年まで。新選組結成、芹沢鴨斬殺、池田屋事件……時代はいよいよ風雲急を告げる。

機関銃下の首相官邸　迫水久常

二・二六事件では叛乱軍を欺いて岡田首相を救出し、終戦時には鈴木首相を支えた著者が明かす、天皇・軍部・内閣をめぐる迫真の秘話記録。（井上寿一）

増補 八月十五日の神話　佐藤卓己

ポツダム宣言を受諾した「八月十四日」や降伏文書に調印した「九月二日」でなく、「終戦」はなぜ「八月十五日」なのか。「戦後」の起点の謎を解く。

考古学と古代史のあいだ　白石太一郎

巨大古墳、倭国、卑弥呼。多くの謎につつまれた日本の古代。考古学と古代史学の交差する視点からその謎を解明するスリリングな論考。（森下章司）

江戸はこうして造られた　鈴木理生

家康江戸入り後の百年間は謎に包まれている。海岸部へ進出し、河川や自然地形をたくみに生かした都市の草創期を復原する。（野口武彦）

増補 革命的な、あまりに革命的な　絓《すが》秀実

「一九六八年の革命は「勝利」し続けている」とは何を意味するのか。ニューレフトの諸潮流を丹念に跡づけた批評家の主著、増補文庫化！（王寺賢太）

戦国の城を歩く　千田嘉博

室町時代の館から戦国の山城へ、そして信長の安土城へ。城跡を歩いて、その形の変化を読み、新しい中世の歴史像に迫る。（小島道裕）

性愛の日本中世　田中貴子

稚児を愛した僧侶、「愛法」を求めて稲荷山にもうでる貴族の姫君。中世の性愛信仰・説話を介して、日本のエロスの歴史を覗く。（川村邦光）

琉球の時代　高良倉吉

いまだ多くの謎に包まれた古琉球王国。成立の秘密や、壮大な交易ルートにより花開いた独特の文化を探り、悲劇と栄光の歴史ドラマに迫る。（与那原恵）

博徒の幕末維新　高橋敏

黒船来航の動乱期、アウトローたちが歴史の表舞台に躍り出てくる。虚実を腑分けし、稗史を歴史の中に位置付けなおした記念碑的労作。（鹿島茂）

近代日本とアジア　坂野潤治
近代日本外交は、脱亜論とアジア主義の対立構図により描かれてきた。そうした理解が虚像であることを精緻な史料読解で暴いた記念碑的論考。（苅部直）

増補 モスクが語るイスラム史　羽田正
モスクの変容——そこには宗教、政治、経済、美術、人々の生活をはじめ、イスラム世界の全歴史が刻み込まれている。その軌跡を色鮮やかに描き出す。

日本大空襲　原田良次
帝都防衛を担った兵士が記した日記。各地の空爆被害、斃れゆく戦友への思い、そして国への疑念……空襲の実像を示す第一級資料。（吉田裕）

餓死《うえじに》した英霊たち　藤原彰
第二次大戦で死没した日本兵の大半は飢餓や栄養失調によるものだった。彼らのあまりに悲惨な最期を詳述し、その責任を問う告発の書。（一ノ瀬俊也）

裏社会の日本史　フィリップ・ポンス　安永愛訳
中世における賤民から現代社会の経済的弱者まで、また江戸の博徒や義賊から近代以降のやくざまで——フランス知識人が描いた貧困と犯罪の裏日本史。

古代の朱　松田壽男
古代の赤色顔料、丹砂。地名から産地を探ると同時に古代史が浮き彫りにされる。標題論考に、「即身佛の秘密」、自叙伝「学問と私」を併録。

横井小楠　松浦玲
欧米近代の外圧に対して、儒学的理想である仁政を基に、内外の政治的状況を考察し、政策を立案し遂行しようとした幕末最大の思想家を描いた名著。

古代の鉄と神々　真弓常忠
弥生時代の稲作にはすでに鉄が使われていた！　原型を遺さないその鉄文化の痕跡を神話・祭祀に求め、古代史の謎を解き明かす。（上垣外憲一）

古代大和朝廷　宮崎市定
記紀を読み解き、中国・朝鮮の史料を援用して、日本の古代史を東洋と世界の歴史に位置づける、壮大なスケールの日本史論集。（砺波護）

増補 海洋国家日本の戦後史　宮城大蔵

戦後アジアの巨大な変貌の背後には、開発と経済成長という日本の「非政治」的な戦略があった。海域アジアの戦後史に果たした日本の軌跡をたどる。

日本の外交　添谷芳秀

憲法九条と日米安保条約に根差した戦後外交。それがもたらした国家像の決定的な分裂をどう乗り越えるか。戦後史を読みなおし、その実像と展望を示す。

世界史のなかの戦国日本　村井章介

世界史の文脈の中で日本列島を眺めてみるとそこには意外な発見が！　戦国時代の日本はそうとうにグローバルだった！　（橋本雄）

増補 中世日本の内と外　村井章介

国家間の争いなんておかまいなし。中世の東アジア人は海を自由に行き交い生計を立てていた。私たちの「内と外」の認識を歴史からたどる。（榎本渉）

古代史おさらい帖　森浩一

考古学・古代史の重鎮が、「土地」「年代」「人」の基本概念を徹底的に再検証。「古代史」をめぐる諸問題の見取り図がわかる名著。

江戸の坂　東京の坂（全）　横関英一

東京の坂道とその名前からは、江戸の暮らしや庶民の心が透かし見える。東京中の坂を渉猟し、元祖「坂道」本と謳われた幻の名著。（鈴木博之）

明治富豪史　横山源之助

維新そっちのけで海外投資に励み、贋札を発行してまで資本の蓄積に邁進する新興企業家・財閥創業者たちの姿を明らかにした明治裏面史。（色川大吉）

つくられた卑弥呼　義江明子

邪馬台国の卑弥呼は「神秘的な巫女」だった？　明治以降に創られたイメージを覆し、古代の女性支配者たちを政治的実権を持つ王として位置づけなおす。

北一輝　渡辺京二

明治天皇制国家を批判し、のち二・二六事件に連座して刑死した日本最大の政治思想家北一輝の生涯。第33回毎日出版文化賞受賞の名著。（臼井隆一郎）

ちくま学芸文庫

戦後《せんご》日本《にほん》漢字史《かんじし》

二〇二〇年三月十日　第一刷発行

著者　阿辻哲次（あつじ・てつじ）
発行者　喜入冬子
発行所　株式会社　筑摩書房
東京都台東区蔵前二―五―三　〒一一一―八七五五
電話番号　〇三―五六八七―二六〇一（代表）
装幀者　安野光雅
印刷所　株式会社精興社
製本所　株式会社積信堂

ISBN978-4-480-09972-3 C0181